기독교 본질 논쟁

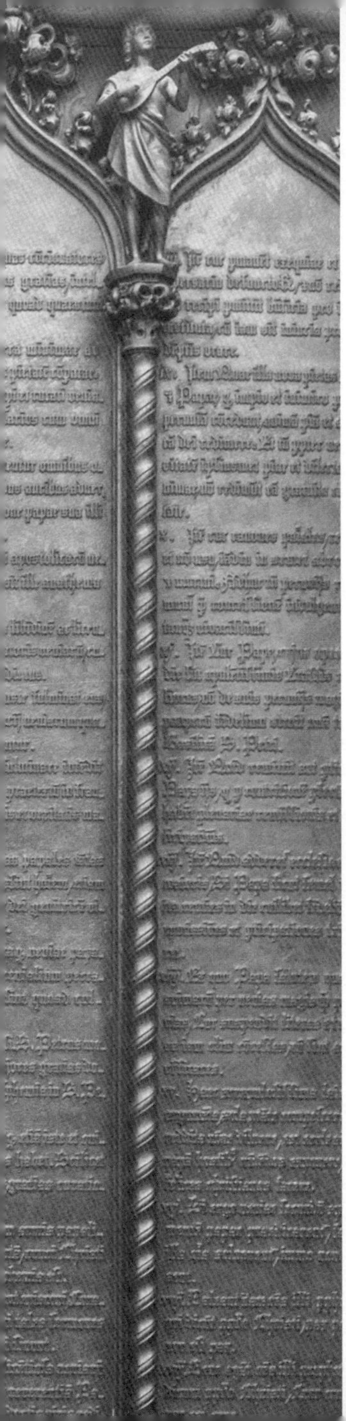

ㅎ | 03

기독교 본질 논쟁

하르낙 교수와 그의 옥스퍼드 비평가들

토머스 베일리 손더스 지음
김재현·김태익 옮김

한티재

차례

해제 7
— 예수의 얼굴을 참되게 그리려는 시도

I. 본질 물음: 앎에서 모름으로, 대답에서 물음으로 17
II. 종교개혁: 본질 물음으로 말미암는 진정한 반복 26
III. 문화개신교 31
IV. 하르낙의 『기독교의 본질』 43
V. 기독교 본질 논쟁 52
VI. 예수의 얼굴을 참되게 그리기 위한 시도 64
VII. 기독교 인문학, 교양기독교를 위하여 71

기독교 본질 논쟁
— 하르낙 교수와 그의 옥스퍼드 비평가들

75

서문 77

I. '환원' 문제와 관련된 논쟁 87

II. 샌데이의 '총체'에 대한 반박 107

III. 요한복음과 기독론에 관한 논쟁 118

IV. 스트롱과의 논쟁 142

V. 나가면서 158

일러두기

1. 본서 『기독교 본질 논쟁』은 Thomas Bailey Saunders, *Professor Harnack and his Oxford Critics*, Williams & Norgate, 1902의 원본 마이크로 필름을 번역한 것이다.
2. 본서에 인용된 하르낙의 『기독교의 본질』의 긴 인용 부분은 한글판(아돌프 폰 하르낙, 『기독교의 본질』, 오흥명 옮김, 한들출판사, 2007)의 내용을 그대로 가져왔으며 출판사의 허락을 받았음을 명시해 둔다.
3. 소제목과 장제목은 이해를 돕기 위해 옮긴이가 붙인 것이다. 원서에는 장 구분만 되어 있고 제목은 없다.

해제

예수의 얼굴을 참되게 그리려는 시도

본서 『기독교 본질 논쟁』은 20세기 초 영국에서 토머스 베일리 손더스(Thomas Bailey Saunders, 1860-1928)가 쓴 책 『하르낙 교수와 그의 옥스퍼드 비평가들』 *Professor Harnack and his Oxford Critics**의 번역서이다. 손더스의 『기독교 본질 논쟁』이 출판되게 된 경위는 다음과 같다. 독일 베를린 대학교의 유명한 하르낙(Adolf von Harnack, 1851-1930) 교수가 '기독교의 본질'이라는 제목의 강의를 했고, 그 강의록을 『기독교의 본질』이라는 제목의 책으로 출판했다. 그 책은 독일뿐 아니라 여러 나라에 널리 알려졌다. 이에 영국 옥스퍼드 대학의 학자들은 하르낙을 격렬하게 비판했고, 『기

---

* Thomas Bailey Saunders, *Professor Harnack and his Oxford Critics*, Williams & Norgate, 1902.

독교 본질 논쟁』의 저자인 손더스는 이 책에서 하르낙의 편에 서서 옥스퍼드 학자들을 재반박했다.

하르낙은 1851년에 태어나 라이프치히 대학, 기센 대학, 마르부르크 대학, 베를린 대학의 교수로서 활동했고 수많은 저술을 남겼으며, 1930년에 사망했다. 그의 주요 저작으로는 『교리사 교본』*Lehrbuch der Dogmengeschichte*, 『초대 기독교 문헌사』*Geschichte der altchristilichen Literatur*, 『프로이센 학술원 역사』 *Geschichte der preußischen Akademie der Wissenschaft* 등이 있다.* 그의 책 『기독교의 본질』은 1899~1900년 겨울 학기 베를린 대학의 강의록이 1900년 책으로 출판된 것이다. 이 책은 1927년까지 14판이 발행되고, 14개 국어로 번역되었고 한다.**

하르낙의 『기독교의 본질』은 '자유주의 신학' 혹은 '문화 개신교'의 총화라고 할 수 있다.*** 19세기와 20세기에 이르는 시기에 기독교 신학은 새로운 경향의 출현을 목격해야 했다. 새로운 경향의 신학은 독일에서 시작되었다. 소위 말하는 '자유주의 신학'이 발생하게 된 것이다. '자유주의'는 근대의 과학, 철학, 역사의 영역에서 발생한 발전을 흡수하여

---

* Adolf von Harnack, 『기독교의 본질』, 오흥명 옮김, 한들출판사, 2007, 279쪽.
** W. Trillhaas, 「서문」, Adolf von Harnack, 같은 책, 7쪽.
*** 자유주의 신학 혹은 문화개신교에 관해서는 이 글 Ⅲ. 문화개신교 부분을 참조하시오.

† 손더스, 『기독교 본질 논쟁 — 하르낙 교수와 그의 옥스퍼드 비평가들』.
Thomas Bailey Saunders, *Professor Harnack and his Oxford Critics*,
Williams & Norgate, 1902.
†† 같은 책의 뒤표지. 손더스가 번역한 하르낙의 『기독교 본질』과
손더스의 저작 목록이 소개되어 있다.

기독교를 새롭게 파악하고자 했던 근대 기독교의 한 패러다임을 말한다. 슐라이어마허(F. D. E. Schleiermacher, 1768-1834), 리츨(A. Ritschl, 1822-1889), 하르낙, 트뢸치(E. Troeltsch, 1865-1923)로 대변되는 이들 자유주의는 하르낙에서 그 정점에 도달했고, 하르낙의 가장 영향력 있는 저서 중 하나가 바로 『기독교의 본질』이다.

이 책 『기독교 본질 논쟁』의 저자 손더스는 당시까지 다소간 전통적이며 보수적인 입장을 취했던 영국에서 하르낙의 저서들을 번역하면서 그의 업적을 적극 소개했다. 그는 쇼펜하우어(A. Schopenhauer, 1788-1860)와 하르낙의 저서들의 번역자로 널리 알려졌으며, 하르낙과 관련된 논쟁이 일어났을 때 이 책 『기독교 본질 논쟁』을 저술하여 하르낙을 적극 변호했다. 영국의 옥스퍼드 학자들은 하르낙의 『기독교의 본질』에 대해서 비판적인 입장을 취했다. 대표적인 인물이 본서 『기독교 본질 논쟁』에서 하르낙의 맞상대로 등장하는 샌데이(W. Sanday, 1843-1920)이다. 손더스는 하르낙의 편에 서서 샌데이 및 옥스퍼드 비평가들과 논쟁하는데, 이 논

아돌프 폰 하르낙(1851-1930). 신학자.
교회사가로 유명하며 문화개신교의 대표적인 인물 중 한 사람이다.

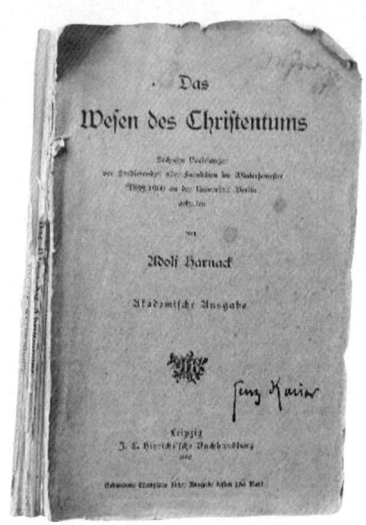

하르낙, 『기독교의 본질』 1902년 판본.
Adolf von Harnack, *Das Wesen des Christentums*, Leipzig, Hinrichs, 1902.

쟁은 하르낙의 저서의 제목 '기독교의 본질'을 둘러싼 논쟁이기 때문에 '기독교 본질 논쟁'이라고 해도 무방할 것이다.

앞에서 말했듯 이 책의 원제는 『하르낙 교수와 그의 옥스퍼드 비평가들』*Professor Harnack and his Oxford Critics*이다. 하지만 하르낙 교수를 모르는 사람이 많고 그의 옥스퍼드 비평가들을 모르는 사람은 더 많기 때문에 이런 제목은 독자들에게 의미 있게 다가가기 어렵다. 그래서 제목을 『기독교 본질 논쟁』이라고 붙였다. 본서의 내용이 하르낙 교수의 저서 『기독교의 본질』과 그에 대한 옥스퍼드 비평가들 사이의 논쟁과 대결을 다루고 있기 때문에, 내용에 충분히 부합한다고 본다.

하르낙의 대표적인 저서 『기독교의 본질』의 원 제목은 독일어로 *Das Wesen des Christentums*이다.* 영역자는 이를 *What is Christianity?*라고 옮겼다.** 원저 『기독교의 본질』은 영어로 옮겨지면서 『기독교란 무엇인가?』가 된 것이다. 나는 독일

---

* Adolf von Harnack, *Das Wesen des Christentums*, Güstersloher Verlagshaus Gerd Mohn, 1900. 2. Aufl. 1985.

** Adolf von Harnack, *What is Christianity?: Sixteen Lectures delivered in the University of Berlin 1899-1900*, translated into English by Thomas Bailey Saunders, The Book Tree, 1901.

어에서 영어로 옮겨지면서 바뀐 제목에 흥미를 느꼈다. '기독교의 본질'이라는 말과 '기독교란 무엇인가?'라는 말은 같은 의미를 지니지만, 물음표(?)가 붙었다. 이는 내게 의미심장하게 다가왔다. 나는 이 해제를 쓰면서 물음표가 붙은 영역본 제목으로부터 이야기를 시작해보고자 한다. 이어서 하르낙의 배경과 『기독교의 본질』 저작 및 이 책을 놓고 벌인 토론을 소개하고, 이 책을 번역하면서 역자가 가지는 바람을 간략하게 쓸 것이다.

Ⅰ.
본질 물음
/ 앎에서 모름으로, 대답에서 물음으로

『기독교의 본질』의 영역본 제목 '기독교란 무엇인가?'what is christianity?라는 물음에서 시작하자. 이 물음은 여전히 딱딱하고 무언가 진지하고 학문적인 내용과 관련된 것처럼 보인다. 그러나 말투를 조금 바꾸면 '기독교란 게 도대체 뭐야?'가 된다. '기독교란 것이 도대체 무엇이냐?'라는 물음은 오늘날 한국의 상황에서 기독교인과 비기독교인을 막론하고 제기될 수 있는 물음일 것이다. 물론 기독교인에게 이 물음은 더욱 더 실존적인 물음으로 다가올 것이다. 그러나 비기독교인에게도 이 물음은 중요하다. 왜냐하면 좋든 싫든 한국에서 기독교는 큰 종교적 집단을 이루고 있고 영향력을 행사하고 있기 때문이다.

개인적인 이야기를 좀 하겠다. 나는 어릴 때부터 교회를 다녔다. 모태신앙으로 태어났으나 초등학교 5학년 때 '재미없는' 교회를 떠났다. 그 후 중학교 1학년 때 다시 교회로 돌아와 예수를 믿었다. 대학생 때는 선교단체 활동을 했고, 신학교를 다니면서 전도사를 했으며, 신학박사가 되었고, 목사가 되었다. 기독교인으로 살아온 시간이 기독교인이 되기 이전의 시간보다 훨씬 길다. 예수는 절망에 빠진 나를 살렸고, 나에게 사람답게 사는 것이 무엇인지, 그리고 인간의 얼굴이 무엇인지를 보여주었다. 그런 나에게 기독교와 교회는 얼마나 고맙고 사랑스러운 존재였겠는가?

그런데 언제부터인가 기독교는, 그리고 그 기독교의 구체적인 장인 교회는 나에게 또한 고민거리였다. 심지어 기독교는 나를 방황하게 만들었다. 기독교인으로서 처음으로 큰 고민에 빠지게 된 것은 현대적인 교육을 받으면서 자연스럽게 발생한, 신의 존재에 대한 물음이었다. 청소년 시기에는 기독교 신앙이 미신처럼 보여 나를 몹시도 괴롭혔고, 격심한 정신적 투쟁을 하도록 만들었다. 두 번째 충격은 교회에서 발생한 교회 어른들의 갈등과 다툼에서 비롯되었다. 청소년기를 지나가고 대학생이 되면서, 어릴 때는 몰랐던 교회 어른들의 세계를 알게 되었다. 흔하디 흔한 목사와 장로의 갈등이었다. 그 충격은 이루 말할 수 없었다. '저분들이 거룩하게 설교를 하고 대표 기도를 하던 그분들이란 말인가?' 전도사가 되어 교회 생활을 자세히 알아갈수록 평신도 시절에는 몰랐던 진실을 더 깊게 알게 되었다. 그때 비로소 '교회란 무엇인가? 도대체 교회란 무엇인가?' 하는 깊은 고민과 번민을 하지 않고는 한 주도 보낼 수가 없었다.

그 뒤 신학을 본격적으로 공부하면서 나의 고민은 '교회란 무엇인가?'를 넘어서 또 다시 '기독교란 무엇인가?'라는 더 깊은 고민으로 발전해갔다. 우여곡절 끝에 신학박사가 되고 목사가 되었다. 신학을 공부하고 목사가 되면서 '기독교란 무엇인가?'라는 물음은 학문적인 문제이자 일종의 화두가 되었다. 신학을 연구하는 사람으로서, 그리고 목사로서, 이 물음은 이제 평생을 품고 계속 물어가야 할 질문이 된 것이다.

내가 개신교인이기 때문에 가톨릭이나 정교회, 성공회보다는 개신교의 이야기를 더 많이 듣게 된다. 최근에 개신교계에는 '가나안 교인'(교회 안 나가를 거꾸로 하면 가나안이 되는데 교회를 다니다가 더 이상 다니지 않는 사람들을 가나안 교인이라고 부른다. 어떤 통계에 따르면 한국에 이런 가나안 교인이 100만 명이나 있다고 한다)*이 급증하게 되었는데, 그들 중에는 그래도 개인적으로 성서를 읽는 사람도 있지만(교회에 나가지 않지만 기독교인이다) 기독교를 아주 떠난 사람도 있다. 그들도 교회를 떠나기 전에 '기독교가 도대체 뭔가?'라고 스스로에게 묻지 않았을까? 인터넷이 보급되던 시절, 처음으로 안티-기독교 사이트를 보았다. 굉장한 문화충격을 받았다. 밤새도록 그들의 이야기를 하나하나 읽어보기도 했다. 그들이 경험한 기독교(개신교), 그들에게 비친 기독교(개신교)는 무엇이었을까? 그것은 기독교였을까? 기독교라는 외관을 지녔지만 기독교는 아닌 그 무엇이었을까? 그렇다면 기독교란 무엇일까? 오늘날 한국의 기독교(특히 개신교)가 사회로부터 듣고 있는 날선 비난의 목소리는 예리하기 그지없다. 한국의 많은 지성인들이 기독교를 바라보는 시선은 따갑다. 그러한 목소리와 시선 앞에서 기독교가 무엇이며 무엇이 되어야 하는지 많이 고민스럽다. 심지어 최근에는 『한국 기독교 흑역사』라는 책마저 출간되어 비기독교인들도 그 책을 읽으며 한국 개신교 '현상'을 이해하려고 노력하고 있다.** 이런 책에서 나타난

---

* 차정식, 『기독교 공동체의 성서적 기원과 실천적 대안』, 짓다, 2015, 29쪽, 각주 7 참조. 최근에는 더 늘어난 것으로 보인다.

기독교의 모습들은 도대체 무엇일까? 그리고 기독교란 무엇인가?

이처럼 여러 경험과 현상들이 '기독교란 무엇인가?'라는 물음을 불러일으킨다. 그런데 많은 기독교인들은 이런 물음 앞에서 '기독교인이 이런 물음을 가져도 되는 것일까?' 하고 고민하게 된다. 대부분의 교회에서는 이러한 물음과 성찰을 불경한 것으로 여긴다. 목사들 가운데서는 진지한 고민을 불신으로 취급하며 막는 경우도 있다. 수사학적인 구호인 '오직 믿음!'sola fide을 문자 그대로 이해하여, 신앙의 성숙에 필요한 정당한 성찰마저도 막는 경우가 허다하다. 그러나 나는 '기독교란 무엇인가?'라는 물음이 필요하다고 본다.

이 책을 번역하면서 여러 생각이 들어 아내와 나누었던 대화를 한 토막 소개하고자 한다.

나: 여보, 당신은 기독교 신앙인이잖아. 그런데 기독교가 뭐야?

아내: 어, 그러니까……. 모르겠어. 왜 그걸 물어?

나: 그냥 한번 대답해 봐. 기독교란 뭐야?

---

* 강성호, 『한국 기독교 흑역사: 12가지 주제로 보는 한국 기독교 스캔들』, 짓다, 2016.

아내: 그…… 저…… 하나님을 믿는 것……. 바르게 사는 것……. 아유, 모르겠어.

나: 그럼, 이런 질문을 하는 게 신앙에 도움이 될 것 같아?

아내: 그럴 것 같기는 하네.

'~은 무엇인가?'라는 물음은 본질을 묻는 물음이다. 본질 물음은 사람을 부담스럽게 하고 거북하게 한다. 그래서 예의바른 사람은 삼가야 하는 것인지도 모른다. 자칫 잘못하면 답도 알 수 없는 물음으로 분위기를 망친다고 핀잔 듣기에 딱 좋은 것이다. 청소년 시기에 친구들과 잡담을 나누다, 우리가 왜 살아야 하는지 본질적인 물음을 던졌다가 분위기를 초토화시키고 다시는 그런 짓(?)을 하지 않겠다고 결심했던 일이 생각난다. 그냥 결혼하고 아이 낳고 돈 벌고 그럭저럭 힘들지만 잘살고 있는 사람에게 '삶은 무엇인가?'라고 묻는다거나, 국가에 대한 신뢰를 가지고 국가 지도자들이 하는 말을 잘 지지하면 그것이 애국이라고 생각하는 사람에게 '국가란 무엇인가?'라고 물으면, 그러한 물음은 사람을 당황스럽게 하기 쉽다. 왜냐하면 그렇게 잘 지내고 있는 사람들의 대다수는 그러한 본질 물음을 잘 묻지 않고, 그렇기에 고민과 방황 없이 잘살고 있기 때문이다. 심지어 그런 물음은 불안과 분노, 그리고 짜증을 유발할 수도 있다.

그러나 이러한 본질 물음을 던질 수밖에 없는 것이 사람의 특징이기도 하다. 아무리 억눌러도 그런 물음이 튀어나온다. 요즘 유행하는 인문학이라는 것도 과거에는 다소 오글거린다고(?) 여겨졌던 그러한 본질 물음을 묻는 것에 다름 아니다. 이런 면에서 '기독교란 무엇인가?'라는 물음은 '기독교 인문학'의 출발점과 신호탄으로 여겨도 무방할 것이다. 기독교인들은 이 물음으로 기독교적 인문학을 시작해 보자. 비기독교인들에게도 이 물음은 역시 인문학적인 물음이 될 수 있다. 기독교는 서양의 역사와 문화에서 중요한 종교이고, 한국에서도 기독교는 이세 비중 있는 종교이기 때문이다.

기독교 인문학 이야기를 꺼냈으니 인문학의 대표적인 분과인 철학과 관련하여 본질 물음을 이야기해 보자. '~은 무엇인가?'라는 물음으로 철학사에 등장한 인물은 바로 소크라테스이다. 소크라테스는 만나는 사람들에게 항상 무엇의 본질에 대해서 물었다. 이것을 $tí\ \dot{\varepsilon}\sigma\tau\iota$(~은 무엇인가?) 형식의 물음이라고 한다. 이 물음에 대해서 사람들이 사례를 들어 대답하면 소크라테스는 고개를 저으면서 내가 물은 것은 사례가 아니라 본질이라고 말하면서 본질을 대답해 달라고 요구한다. 그렇게 되면 사람들은 대답을 하다가 점점 더 자신이 안다고 생각한 것을 사실상 모르고 있다는 사실을 고백하게 된다. 이러한 지경을 아포리아 *ἀπορία*(막다른 길)이라고 한다. 본질 물음은 사람들을 막다른 길로 몰아붙이고 결국 자신의 모름을 깨닫게 한다.

이는 소크라테스의 테마인 '무지의 지'와 연결된다. 모름은 매우 중요하다. 다석 유영모 선생은 '모름지기'라는 우리말을 '모름을 지키는 것'으로 해석했다. 소크라테스적 차원에서 철학은 대답을 가르쳐주는 것이 아니라, 나의 모름을 깨우쳐주는 것이다. 소크라테스적 차원에 있는 어머니는 자녀에게 "오늘 학교에 가서 뭘 배웠니?"(즉 지식과 정보로서의 앎을 소유하고 왔니?) 하고 묻지 않는다. "오늘 학교에 가서 네가 무엇을 모른다는 사실을 깨닫게 되었니?" 하고 물을 것이다. 기독교적인 용어로 표현하자면 나의 '모름을 앎'이 바로 '은혜'다. 기독교인이 기독교를 안다고 생각했지만 사실상 자신이 기독교를 모른다는 사실을 알게 되는 것! 그래서 '기독교란 무엇인가?' 하고 묻게 되는 것! 이것은 깊은 탐구와 성찰을 부른다. 깊은 탐구와 성찰은 무조건적인 믿음보다 더 건강하고 진실한 신앙으로 나아가는 길을 열어줄 것이다. 하이데거 M. Heidegger도 이야기하지 않았던가, 물음은 사유의 경건함이라고.* 나는 하이데거의 말을 받아서 말하고자 한다. 물음은 사유의 경건함일 뿐 아니라 신앙의 경건함이라고.

그런 면에서 한국 기독교에는 물음이 필요하다. 지금까지 한국 교회의 강단에서는 물음보다는 믿음을 강조했다. 건전한 비판과 물음을 억압했다. 하지만 진정하고 올바른 믿음은 의심과 물음을 거부하고 억누르는 믿음이 아니라, 의심이나 물음과 함께하는 믿음이다. '기독교란 무엇인가?'라는 물음은 영성적인 물음이다. 물음에도 영성이 있다. 나는 물음과 물음으로 말미암은 성찰을 일종의 기도로 본다. 어떤 가톨릭 수도원에서는 평생 두 가지 기도를 드리며 살아간다고 한다. "하느님, 당신은 누구십니까? 나는 누구입니까?" 이것은 물음의 기도이며 기도의 물음이다. '기독교란 무엇인가?'라는 물음 역시 마찬가지이다. 한국 기독교는 '기독교란 무엇인가?'라는 물음과 더불어 성찰과 기도의 내밀함 속으로 들어가야 할 것이다.

---

* Martin Heidegger, 『강연과 논문』, 이기상·신상희·박찬국 옮김, 이학사, 2008, 49쪽.

Ⅱ.
종교개혁
/ 본질 물음으로 말미암는 진정한 반복

'기독교란 무엇인가?'라는 물음은 단지 영성적 성찰의 차원에서만 중요한 것이 아니다. 기독교의 본질에 대한 물음과 성찰은 우리 삶에 실천적인 변화를 초래할 수도 있다. 성찰과 반성은 변화와 해방을 가져온다. 반성이 해방을 가져온다는 것은 공부를 하게 하는 동기이며 힘이다. 특히 본질에 대한 성찰과 반성은 더욱 그렇다.

내가 개신교인이기 때문에 개신교적 차원에서 이야기를 해 보고자 한다. 2017년은 종교개혁 500주년이 되는 해이다. 내가 보기에 종교개혁은 래디컬radical한 운동이었다. 래디컬하다는 말은 급진적이라고 새길 수도 있고, 근본적이라고 새길 수도 있다. 종교개혁은 근본적인 물음을 물었고, 그리하여 급진적인 변화를 추구했던 운동이었다.

10년간 이어온 어떤 모임이 있다고 생각해보자. 그런데 갑자기 어떤 사람이 "우리가 왜 모여야 하죠?" 하고 묻는다면, 또는 "우리가 모이는 궁극적인 의미는 무엇입니까?" 하고 묻는다면, 그는 근본적인 물음을 던진 것이 된다. 그리고 그 물음은 단지 대표를 바꾸자는 것이나 회칙을 수정하자는 의견과는 다른 것이다. 그리고 회원들이 그 물음에 진지하게 응답한다면 그 모임은 변화할 수밖에 없을 것이다. 그리고 그 물음이 근본적이면 근본적일수록 그 변화도 급진적인 것으로 보일 것이다.

종교개혁자들은 근본적이었고, 그래서 급진적이었다. 종교개혁은 '기독교란 무엇인가?'라는 물음을 던졌고, 그것에 대한 대답을 성서와 성서에서 그려진 초대교회에서 찾았다. 그래서 그들은 "초대교회로 돌아가자"고 외쳤다. 그들은 실정 종교인 당시의 가톨릭 교회에서는 기독교의 본질을 발견할 수 없었다. 그들은 현실 교회에서는 참된 기독교, 본질적인 기독교에 대한 심각한 왜곡을 발견했었다. 그래서 그들은 1500여 년의 시간을 가로질러 성서로, 초대교회로 되돌아가고자 했다. 이런 의미에서 종교개혁은 새롭게 원점으로 되돌아가서 기독교를 발견하고자 하는 대담한 시도였던 것이다. 그리고 그러한 시도 속에서 개신교회가 탄생하게 되었다.

개신교는 본질에 대한 급진적이고 과격한 물음과 성찰이 낳은 커다란 역사적 변혁이었다. 이런 의미에서 개신교의 생명은 본질에 대한 물음과 성찰을 항상 놓지 않는 것이다. 진정한 개신교는 날마다 스스로를 본질 물음에로 던져 놓고 매일 매일 개혁하는 종교이며, 매주 매주 완성 없는 개혁을 단행하는 종교이다. 그래서 개신교가 다양한 모습을 가지고 있지만 그 유일의 원리는 '개혁된 교회는 항상 개혁하는 교회여야 한다'Ecclesia reformata semper est reformanda는 것이다. 이 글의 문제의식과 관련해서 말하자면 본질적인 기독교로 날마다 되돌아가려는 반복의 시도가 개신교의 본모습이다. 종교개혁은 언제나 진행형-ing이다. 가톨릭에서 전통이 존중받고 그만큼 중요하다면, 개신교의 핵심은 바로 항상 개혁하고 개혁된다는 것에 있다. 그 때문에 개혁이 멈춰진 개신교회는 죽은 교회다. 개신교 원리에 의거해서 "개신교는 그 자체의 원리에 의해서 심판을 받는다"(P. Tillich).* 개신교회가 16

---

* Paul Tillich, 『프로테스탄트 시대』, 이정순 옮김, 대한기독교서회, 2011, 15쪽.

세기 종교개혁의 '전통'을 붙잡고 그것을 이어가려 한다면, 외형은 개신교회일 수 있지만 생명력이 사라질 것이다. 들뢰즈G. Deleuze 같은 철학자는 '헐벗은 반복'과 '옷입은 반복'을 강조한다. 헐벗은 반복은 생명력 없이 그저 지루하게 반복되는 것을 말한다. 옷입은 반복은 극단적이며 유일무이한 사건이 또 새롭게 일어나는 것을 말한다.* 오늘날의 개신교회는 16세기의 종교개혁자들이 하려 했던 일을 반복하려고 해야 한다. 그러나 오늘날 많은 개신교 단체들은 16세기를 단지 따르고 모방하려고 한다. 그것이 생명력을 상실해버리고 지루해지는 원인 중 하나다.

개신교회의 역사를 살펴보면 개신교회 내에서도 계속 기독교의 본질을 찾으려고 시도했었다. 그 시도의 결과 정통주의, 경건주의, 그리고 문화개신교가 탄생했다. 이들은 기독교의 본질에 대해서 서로 다르게 응답한 결과 형성된 서로 다른 신앙 유형을 가지고 있었다. '기독교란 무엇인가?'라는 물음에 대해서 정통주의는 16세기 종교개혁자들의 업적을 잘 정리정돈하는 것에서 찾았다. 16세기 종교개혁자들의 가르침과 작품들은 새로운 기준이 되어 새로운 체계로

---

* Gilles Deleuze, 『차이와 반복』, 김상환 옮김, 민음사, 2004, 73-78쪽 참조.

형성되었다. 이러한 시도와 이로 말미암은 교리 논쟁에 거부감을 느낀 사람들은 '교리보다는 삶을!'이라는 표어로 경건주의 운동을 펼쳤다. 낭만주의의 영향을 받았던 경건주의는 새로운 유형의 감상적인 기독교 유형을 생산해 내었다. 경건주의 이후에 등장한 기독교에 대한 새로운 모색이 바로 문화개신교Kultur-protestantismus이다. 이러한 문화개신교의 대표적인 인물들로는 바로 슐라이어마허, 리츨, 헤르만W. Hermann, 하르낙, 트뢸치 등이 있다. 하르낙은 이러한 문화개신교의 대표적인 인물 중 하나였다.

III.
문화개신교

하르낙은 문화개신교의 대표자이다. 미국의 근본수의자들*은 문화개신교를 자유주의 신학liberal

---

* 기독교 근본주의는 19세기 말과 20세기 초 보수적 신학자들이 문화개신교의 운동에 반대해서 자신들의 정체성을 확립하면서 형성된 기독교의 경향을 말한다. 근본주의라는 용어는 그들이 1915년경 자신들의 주요 주장을 담은 『근본』(the Fundamentals)이라는 책자를 발간하면서 발생했다. 주요 주장으로는 예수의 신성, 예수의 동정녀 탄생, 예수의 육체적 부활과 재림, 성서 축자 영감설, 성서 무오설 등이 있다. 기독교 근본주의자들은 이슬람 원리주의자들처럼 종교의 현대적인 변화에 반대하며 종교적인 과격성을 보이기도 한다. 한국의 기독교는 유럽의 기독교보다는 미국의 기독교 영향을 크게 받았기 때문에 미국 근본주의의 성향은 한국 기독교의 성격에 큰 영향을 끼쳤다. 미국의 근본주의는 미국의 종교 우익으로 발전하여 미국의 국가주의 및 패권주의를 정신적·경제적으로 지원하고 있다. 미국 근본주의는 9·11 테러 이후 부시의 '테러와의 전쟁'을 지지하고 오바마의 정책에 반대하면서 정치적 영향력을 크게 발휘했다. 미국의 기독교 근본주의와 정치적 우파의 관계에 관한 종교사회학적 분석으로는 정태식, 『거룩한 제국: 아메리카, 종교, 국가주의』(페이퍼로드, 2015) 참조.

theology, 자유주의 기독교liberal christianity라고 부르며 낙인을 찍었다. 그러나 자유주의라는 말보다는 문화개신교라는 용어가 더 적합하며, 이들은 자신들의 운동을 신개신교neu-protestantismus라고 부르기도 했다. 즉 문화개신교는 16세기 개신교의 문제의식을 이어받아 다시금 기독교의 본질로 돌입하려 했던 그러한 운동이었다. 이 운동은 기독교의 본질을 탐구하는 방법으로 역사비평historical criticism을 사용했다. 문화개신교 운동의 의의에 대해서 틸리히P. Tillich는 다음과 같이 평가한다.

> 개신교 원리는 자유주의 신학(즉, 문화개신교를 의미한다)에 바르고 선한 양심을 부여하였다. 그 결과 자유주의 신학은 역사적 연구라는 비판적인 작업은 물론, 신구약 성서의 신화적이고 전설적인 요소를 밝히기 위해 학문적으로 철저히 정직한 태도를 가지고 성서에 접근하게 되었다. 다른 종교에서는 예를 찾아볼 수 없었던 이 사건은 개신교 원리의 진리를 인상적이고도 영예스럽게 정당화시켰다. 이런 점에서 개신교 신학은 항상 자유주의 신학이 되어야 한다.*

---

* Paul Tillich, 『프로테스탄트 시대』, 이정순 옮김, 대한기독교서회, 2011, 36-37쪽.

폴 틸리히(1886-1965). 신학자, 철학자.
칼 바르트, 루돌프 불트만, 디트리히 본회퍼와 더불어
대표적인 현대신학자 중 한 사람이다.
나치에 저항했으며 미국으로 건너갔다. 『조직신학』이 대표저작이다.

물론 틸리히는 개신교 신학이 자유주의 신학이 되어야 함과 동시에 개신교 신학은 언제나 정통주의ortho-dox가 되어야 함을 함께 강조했다.* 틸리히는 문화개신교의 장점과 의미를 올바르게 통찰했으며, 자유주의(문화개신교)가 정통주의와 더불어 개신교 신학의 한 축임을 밝혀 놓았다.

심광섭은 「슐라이어마허 르네상스를 꿈꾸며」라는 글에서 "한국 신학의 보수성이 서양 근대 신학에 대한 논의의 양과 질이 적고 미약한 점에서도 드러난다"**고 지적하며, 한국에서 근대 신학이 소홀히 여겨지는 것에 비해 철학에서는 근대 철학자들, 즉 데카르트R. Descartes, 로크J. Locke, 흄D. Hume, 루소J. J. Rousseau, 칸트I. Kant, 셸링F. W. Schelling, 헤겔G. W. F. Hegel, 마르크스K. Marx, 프로이트S. Freud, 니체F. Nietzsche, 제임스W. James 등에 대한 연구가 활발하다는 점을 지적한다.*** 이제 한국에서도 근대의 대표적인 신학인 문화개신교 신학이 활발하게 연구될 필요가 있다고 본다. 몇몇 번역서와 연구서들이 있지만 여전히 리츨, 하르낙, 트뢸치, 헤르만의 저서들은

---

* Paul Tillich, 같은 책, 37쪽.
** 심광섭, 『공감과 대화의 신학』, 신앙과지성사, 2015, 20쪽.
*** 심광섭, 같은 책, 22쪽.

한국 기독교에서 많이 생략되어 있다.*

/ 슐라이어마허

문화개신교와 근대 신학의 문을 활짝 열었던 사람은 슐라이어마허라고 할 수 있다. 슐라이어마허에 대한 평가는 상반된다. 어떤 사람은 슐라이어마허를 아우구스티누스A.

---

* 문화개신교에 대한 한글 번역과 연구의 대표적인 저서들은 다음과 같다. 상대적으로 슐라이어마허에 대한 연구와 번역이 많이 이루어져 있다. F. E. D. Schleiermahcer, 『신학연구입문』, 김경재 외 옮김, 대한기독교서회, 1983; F. E. D. Schleiermacher, 『성탄축제』, 최신한 옮김, 문학사상사, 2001; F. E. D. Schleiermacher, 『종교론』, 최신한 옮김, 대한기독교서회, 2002; F. E. D. Schleiermacher, 『해석학과 비평』, 최신한 옮김, 철학과현실사, 2000; F. E. D. Schleiermacher, 『기독교 신앙』, 최신한 옮김, 한길사, 2006; M. Redeker, 『슐라이에르마허 생애와 사상』, 주재용 옮김, 대한기독교서회, 1985; 강돈구, 『슐라이어마허의 해석학』, 이학사, 2000; 최신한, 『슐라이어마허: 감동과 대화의 사상가』, 살림, 2003; 김승철, 『역사적 슐라이어마허 연구』, 한들출판사, 2004; 오성현, 『바르트와 슐라이어마허: 바르트의 초기(1909-1930년)를 중심으로』, 아카넷, 2008; H. Fisher, 『슐라이어마허의 생애와 사상』, 오성현 옮김, 월드북, 2007; 최신한, 『지평 확대의 철학: 슐라이어마허, 점진적 자기발견의 정신탐구』, 한길사, 2009; 위거찬, 『기독교와 종교사: 슐라이어마허, 오토, 틸리히의 종교사 신학을 중심으로』, CLC, 2011; 이신형, 『리츨신학의 개요』, 한국장로교출판사, 2004; Adolf von Harnack, 『기독교의 본질』, 오흥명 옮김, 한들출판사, 2007; Ernst Troeltsch, 『기독교사회윤리』, 현영학 옮김, 한국신학연구소, 2003; Ernst Troeltsch, 『기독교의 절대성』, 이기호·최태관 옮김, 한들출판사, 2014; Ernst Troeltsch, 『역사와 윤리』, 강병호 옮김, 한들출판사, 2014 등.

프리드리히 슐라이어마허(1768-1834). 독일의 신학자, 철학자, 설교자였으며
근대 신학의 대표자이다. 주요 저서는 『종교론』과 『기독교 신앙』이다.
흔히 신학에 있어서의 코페르니쿠스적 전환을 이루어냈다고 평가받고,
현대의 철학적 해석에도 큰 영향을 끼쳤다.

Augustinus, 아퀴나스T. Aquinas, 루터M. Luther, 칼뱅J. Calvin의 계보를 잇는 '19세기의 교부'라고 칭송하는가 하면, 다른 사람은 그를 '19세기의 대 이단자'라고 비판한다.* 슐라이어마허는 어렸을 때 모라비안 교단의 학교에 입학하면서 철저한 신앙 훈련과 종교적 감화를 받았다. 그러나 그는 대학에 들어가면서 철학에 빠져 플라톤 철학이나 칸트 철학에 심취하였다. 1798년 슐라이어마허는 젊은 지성인들의 모임에 참석했는데, 그들은 슐라이어마허가 30세가 되도록 책을 못 쓴 것을 질책하면서 다음해 생일까지는 책을 쓰겠다는 약속을 받아냈다. 그렇게 해서 나온 책이 『종교론』*Über die Religion, Reden un die Gebildeten unter ihren Verächteten*이다.** 송교론의 부제는 '종교를 멸시하는 교양인에 대한 변론'이다. 여기에서 종교를 멸시하는 교양인들은 바로 책을 쓰도록 종용했던 친구들이었다. 이 책에서 슐라이어마허는 종교를 '우주에 대한 직관과 감정'이라고 주장했다. 종교는 교리나 형이상학적인 사변도 아니고, 칸트 식의 윤리도 아니다. 종교는 하나님에 대한 직관과 감정이다! 슐라이어마허의 또 다른 주요 저작은 『기독

---

* 목창균, 『현대신학논쟁: 신학논쟁을 중심으로 엮은 현대신학 입문서』, 두란노, 2011, 33쪽.
** F. E. D. Schleiermacher, 『종교론』, 최신한 옮김, 대한기독교서회, 2002.

교 신앙』*Die christliche Glaube nach den Grundsätzen der evangelischen Kirche*이다.* 여기에서 그는 신앙의 본질을 하나님에 대한 '절대의존의 감정'이라고 말한다. 슐라이어마허는 감정적이면서도 합리적인 현대적 기독교 신앙을 모색했다.

슐라이어마허의 신학에서 신앙이 현대 문화와 어떻게 관련을 맺어야 할지 여러 가지 생각이 가능하게 된다. 슐라이어마허에서 경건주의적 신앙과 교회 설교자의 모습, 그리고 근대 철학과 문화가 서로 결합되는 모습을 볼 수 있다. 과거에 신학교에서 슐라이어마허 책을 들고 다니면 불려가서 혼이 났던 시절도 있었다고 한다. 일종의 '자유주의' 금서禁書를 소지한 잘못을 저지른 것으로 여겨졌던 것이다. 하지만 신앙을 유지하되 지적인 정직성을 가진 슐라이어마허와 같은 신학자를 무조건 배척하는 것은 지혜롭지 못하다고 생각한다. 문화개신교는 순교자 유스티아누스와 같은 변증론자, 오리게네스Origenes, 그리고 토마스 아퀴나스 이후 기독교와 문화가 가장 밀접하게 만났던 유형type 중 하나였다. 오히려 요즈음과 같은 지식사회에서는 큰 도움이 되는 신앙형태라고 볼 수도 있다.

* F. E. D. Schleiermacher, 『기독교 신앙』, 최신한 옮김, 한길사, 2006.

/ 리츨

슐라이어마허가 문화개신교의 문을 활짝 연 사람이었다면, 리츨은 문화개신교의 왕자라고 불리는 사람이었다.* 리츨은 진화론을 위시한 '자연과학적 세계관'scientific world view의 충격 속에서 "자연에 대한 영적 지배"를 강조했던 신학자였다.** "자연에 대한 영적 지배"라는 그의 핵심적인 메시지는 '하나님의 나라'라는 이념에서 극치에 도달한다. 그의 신학은 칸트의 철학과 슐라이어마허(근대적 신학 방법론)***를 거쳐 종교개혁(칭의론)을 관통하여 예수가 선포한 '하나님의 나라'로 이어지는 선상에 있다.

리츨의 대표작은 『칭의와 화해』*Die christliche Lehre von der Rechtfertigung und Versöhnung* 및 『경건주의의 역사』*Die Geschichte des Pietismus*이다. 『칭의와 화해』는 3부로 이루어져 있다. 1부는 칭의와 화해에 관한 교리사적 고찰이며, 2부는 칭의와 화해에 대한 성서 연구이다. 3부는 칭의와 화해에 관한 교의학

---

* 목창균, 같은 책, 2011, 101쪽.
** 이신형, 『리츨신학의 개요』, 한국장로교출판사, 2004, 19-26쪽.
*** A. Ritschl, *Theologie und Metaphysik. Zur Verständigung und Abwehr*. Marcus, 1881, 54.

적 논증이다.* 리츨은 인간이 칭의를 통해 하나님과의 교제를 회복하는 것을 화해라고 보았고, 이 화해를 통해서 윤리적 사랑의 공동체를 설립하게 되는데, 그것이 바로 하나님의 나라이다.

『경건주의의 역사』는 경건주의를 비판적으로 치밀하게 연구한 책이다. 그는 경건주의를 부정적으로 바라보았으며 잘못된 신앙운동이라고 생각했다. 리츨은 기독교가 정통주의, 교리주의, 합리주의로 치닫는 것을 경계하면서도, 다른 한편으로 기독교가 주관주의, 신비주의, 감정주의로 나아가는 것도 비판했다. 리츨의 경건주의 비판은 오늘날의 한국 개신교가 귀담아들을 만한 주장이다. 왜냐하면 한국 개신교는 경건주의적 성격을 많이 가지고 있으며 경건주의가 가지는 폐해를 그대로 가지고 있기 때문이다.

리츨의 유명한 주장은 기독교가 하나의 중심을 지닌 원이 아니라 두 초점을 지닌 타원과 같다는 것이다.** 타원은 두 초점을 지닌다. 리츨은 기독교라는 타원의 한 초점은 예수가 선포한 '하나님의 나라'이며, 다른 초점은 종교개혁이 재

---

* 이신형, 같은 책, 15쪽.
** A. D. Foster, "Albrecht Ritschl," 『현대신학사상 I』, 맹용길 엮고 옮김, 성광, 1980, 48쪽.

알브레히트 리츨(1822-1889). 신학자. 흔히 '자유주의의 왕자'라고 불린다.
교리사 분야에 큰 영향을 끼쳤다. 슐라이어마허가 주관성을 강조했다면
리츨은 역사성을 강조했다.

발견한 '칭의'라고 보았다. 리츨은 종교개혁자들이 기독교의 본질을 회복하고 교회를 개혁하려 한 점은 인정했지만, 칭의의 교리와 하나님 나라의 관계성을 충분히 해명하지 못한 한계성을 비판했다. 리츨이 보기에 종교개혁자들은 기독교의 종교적인 면은 강조했지만 도덕적인 면을 무시했던 것이다. 이런 면에서 리츨은 종교개혁이 완성되지 못했다고 보았고 그것을 완성시키려 했다. 리츨은 종교개혁의 한계를 통렬하게 지적하고 칭의와 하나님 나라를 결합시키려 했던 문화개신교의 왕자였다. 그래서 이러한 리츨의 신학이 오늘날 '에피소드'로 취급되는 사태는 상당히 유감스럽다.

종교개혁의 교리개혁과 경건주의의 영성, 그리고 리츨이 강조했던 하나님 나라의 역사적 윤리적 측면이 균형 잡힌 모습을 보일 때 종교개혁은 더욱 더 진정한 모습을 구현할 수 있는 것이 아닐까?

IV.
하르낙의 『기독교의 본질』

슐라이어마허와 리츨 이후에 등장한 문화개신교의 대가가 본서 『기독교 본질 논쟁』의 주인공이라고 할 수 있는 아돌프 폰 하르낙 교수이다. 하르낙의 『기독교의 본질』을 볼 때면, 자연스럽게 포이에르바하L. Feuerbach의 동일한 제목의 저서 『기독교의 본질』이 떠오르게 된다.*
『기독교의 본질』 대 『기독교의 본질』. 이 또한 하나의 흥미로운 대결이다. 하지만 여기에서 이 문제를 다룰 수는 없다. 다만 여기에서는 하르낙의 포이에르바하에 대한 논평을 간략하게 언급하고 넘어가고자 한다.

---

* Ludwig Feuerbach, 『기독교의 본질』, 강대석 옮김, 한길사, 2008.

하르낙은 포이에르바하를 위시한 "종교철학적 고찰"을 자신의 강의에서 배제한다. 그는 서론에서 다음과 같이 말한다. "우리가 60년 전에 종교철학적 고찰을 고수해 왔다면, 우리는 사변을 통해 종교에 대한 하나의 보편적 개념을 발견하고자 애썼을 것이며, 그 개념에 따라 기독교를 규정하고자 했을 것이다."* 아마도 60년 전이라는 시간은 하르낙의 『기독교의 본질』이 출판된 1900년보다 60년 앞섰던 포이에르바하의 『기독교의 본질』이 출간된 1841년을 가리킬 것이다. 따라서 위의 말은 하르낙이 포이에르바하를 비판하는 말이라고 할 수 있다. 그는 사변을 통해 보편적 개념을 발견하고 이를 따라 기독교를 규정하여 그 본질을 발견하려 했던 포이에르바하의 시도를 비판한다. 그래서 그는 포이에르바하의 작업을 넌지시 암시하면서 "심리학적이고 민족 심리학적인 연구를 통해 종교의 본질과 정당성을 설명하는 것이 우리의 과제가 되어서는 안된다"고 못박는다.**

하르낙은 "보편적인 것 속에 함정이 숨어 있는 것이다!" Lautet dolus in generalibus!라고 외치면서 개념의 보편을 통해서 본

---

* Adolf von Harnack, 『기독교의 본질』, 오흥명 옮김, 한들출판사, 2007, 25쪽.
** Adolf von Harnack, 같은 책, 26쪽.

질을 구하려는 시도를 비판한다. 그는 역사에서 출발한다. 그는 다음과 같이 말한다.

> 우리는 다음과 같이 물을 수 있다. 도대체 '종교'라는 하나의 보편적 개념이 존재하는가? 그 보편자는 혹시 막연한 장치에 불과한 것이 아닌가? 혹 그 말은 모든 사람들이 다른 방식으로 채워넣고 또 많은 사람들이 전혀 신경을 쓰지 않는 우리 안의 어떤 빈자리를 말하는 것인가? 내 생각에는 그렇지 않으며, 오히려 나는 근본적으로 역사가 경과함에 따라 분열과 모호함으로부터 통일성과 명확성에 도달하고자 분투해 왔던, 공통된 그 무언가가 존재한다고 확신한다.*

하르낙은 역사적으로 접근하여 그 본질에 도달하려 했다. 그가 도달한 기독교의 본질은 예수의 선포 가운데 있는 복음이었다. 『기독교의 본질』의 1부는 복음이며, 2부는 역사 안의 복음이다. 하르낙은 1부에서 기독교의 본질인 복음에 대해서 상세하게 설명하며, 2부에서는 역사 안에서 복음이 어떻게 변질되고 또 개혁과 혁명을 통해서 회복될 수 있는

---

* Adolf von Harnack, 같은 책, 26-27쪽.

가를 논한다.

　기독교의 역사를 보는 관점이 다양하게 있을 수 있겠지만 대표적으로 세 가지 관점을 거론할 수 있겠다. 한 가지는 기독교의 역사를 기독교의 확장과 팽창의 역사로 보는 관점이다. 이러한 입장을 견지하는 대표적인 역사학자는 라투렛K. Latourette이다. 다른 한 가지 관점은 기독교의 역사를 원래의 복음에서 점점 멀어진 타락의 역사로 보는 것이다. 하르낙은 기독교의 교리가 근본적으로 그리스의 영향을 받아 그리스화된 것으로 이해한다. "하르낙의 『교리사 교본』의 기본 전제는 4-5세기의 기독교의 교의 성립은 복음의 그리스화이고, 그리스 철학에 의해서 예수의 순수한 복음의 메시지가 왜곡되었다는 것이다."* 세 번째 관점은 기독교의 역사를 에큐메니칼의 역사로 보는 것이다. 기독교 역사관을 범박하게 확장사, 타락사, 에큐메니칼사로 본다면, 확장과 팽창의 역사는 기독교인들로 하여금 기독교의 승리를 확신하여 선교적 자세를 가지게 하며, 타락의 역사는 기독교인들로 하여금 변질과 왜곡을 극복하여 개혁적인 자세를 취할 수 있게 할 것이다. 에큐메니칼의 역사는 기독교인들로 하여금

---

* 김승철, 「교회사 서술의 몇 가지 유형」, 『복음과 세계』 6집, 1996, 12쪽.

분열 가운데서도 만남과 대화의 자세를 갖도록 할 것이다.

우리의 관심사인 하르낙이 타락사의 입장에서 기독교의 역사를 본다고 가정해 보자. 그렇다면 타락하기 이전에 본래의 기독교가 있으며 그것이 타락했다는 말이 될 것이다. 그리고 이러한 타락의 과정을 이해한 사람은 당연하게 본래의 기독교를 회복하려고 할 것이다. 그런데 사실 하르낙의 입장이 그렇다. 그는 본질적인 기독교, 본래의 기독교를 예수의 복음에서 찾았고, 기독교 역사가 진행되면서 그 복음이 어떻게 변질되어갔는가를 추적한다. 그리고 그러한 변질의 과정 가운데서도 순수한 복음으로 되돌아가고자 하는 개혁과 혁명의 과정도 있음을 갈파한다. 또한 그는 자신의 역사적 통찰에 의거하여 변질과 왜곡의 과정 가운데서도 복음의 승리와 극복을 확신한다.

하르낙은 기독교의 본질인 예수의 복음을 세 가지로 요약한다.(Harnack, 『기독교의 본질』, 61쪽)

첫째, 하나님의 나라와 그 나라의 도래
둘째, 하나님 아버지와 인간 영혼의 무한한 가치
셋째, 더 나은 의와 사랑의 계명

이것이 하르낙이 제시하는 기독교의 본질이다. essence라는 말은 본질로도 번역되지만 필수로도 번역된다. 비본질적인 것을 꽉 짜서 제거해버린 기독교의 핵심이 바로 위의 세 가지 가르침이다. 하르낙에게 기독교는 교회 건물도, 목사도, 장로도, 당회도 아니었다. 심지어 믿음으로 말미암아 의롭게 된다는 가르침도 아니었다. 바울 서신도 아니었다.

이 복음은 사도시대의 기독교, 가톨릭으로 발전하는 기독교, 그리스 가톨릭 시대의 기독교, 로마 가톨릭 시대의 기독교, 개신교 시대의 기독교를 통해 역사적으로 전개된다. 그래서 본질과 역사의 문제가 등장하게 된다. (1) 하르낙은 이미 사도 시대의 기독교에서 그리스도에 대한 가르침이 복음의 위엄과 단순성을 역전시키려는 "위험"을 내포하고 있었다고 분석한다.(Harnack, 169쪽) (2) 그러나 더 심각한 위험은 가톨릭으로 발전해가는 기독교에서 나타난다. 이 시기에는 기독교의 근원적인 원요소가 유출되고 새롭게 그리스적인 요소가 유입되는 시기였다. 게다가 영지주의와의 투쟁은 교회로 하여금 교회의 교리, 제의, 규율에 순종하지 않는 사람들을 배척하게 만들었다. 교리와 사제와 제의와 성경에 대한 의존이 생기고, 종교는 일차적으로 교리를 의미하게 되며, 그리스 철학의 사고는 갈수록 기독교에 유입되었다. 교회 제도도 특별한 가치를 획득했다. 복음은 기쁜 소식에서 두려운 소식으로 변해갔다.(Harnack, 174-195쪽) (3) 그리스 가톨릭 시대의 기독교에는 더욱 더 그리스적인 요소가 유입된다. "이 교회(그리스 가톨릭 교회)는 그리스적 특징을 띠고 있는 기독교적 창조물로서가 아니라 기독교적 특징을 띠고 있는 그리스적 창조물로 나타나는 것이다."(Harnack, 199쪽) 심지어 하르낙은 그리스 가톨릭 교회를 "그리스 종교사의 연장"으로 본다. 전통주의, 주지주의, 의식주의도 강조된다. 하르낙은 동방교회의 체계가 기독교의 아류이며 복음에 낯선 그 무엇이라고 혹평한다.(Harnack, 196-217쪽) (4) 그는 로마교회의 특징으로 가톨릭주의Katolizismus, 로마의 세계 제국, 아우구스티누스의 정신과 경건성을 든다. 하르낙은 여기에서 기독교가 전도Verkehr되었다고 본다. "동방의 가톨릭이 한 가지 이상의 관점에서 복음의 역사보다 그리스 종교사 안으로 더 적절하게 들어가는 것처럼, 로마 가톨릭은 로마 세계 제국의 역사 안으로 들어가는 것이다."(Harnack, 231쪽) 하르낙은 "외적인 교회로서, 법과 권력을 가진 하나의 국가로서 로마 가톨릭은 복음과 아무런 관련이 없으며 더 나아가 복음에 근본적으로 모순된다"(Harnack, 232쪽)고 진단한다. (5) 그는 개신교를 개혁과 혁명으로 이해한다. 하르낙은 개신교를 다음과 같이 설명한다.

> 개신교—이것이 해답인데—는 복음이 사람들이 그것에 자유를 허락한다면 가장 확실하게 인식될 만큼 아주 단순하고 신적이며, 그리하여 진정으로 인간적인 것이라는 것을, 그리고 복음이 각각의 영혼들에게서도 본질적으로 이러한 경험과 확신을 창출하리라는 것을 믿는다.[*]

하르낙은 개신교가 위계적 성직자들의 교회체제, 형식적이며 외적인 권위, 제의상의 질서, 성례전주의에 저항했고, 수도원적인 도피의 정조를 극복했다고 주장한다. 그는 개신교의 개혁과 혁명에서 복음이 다시 성취되었다고 본다. 그래서 그에게 종교개혁은 복음적evangelisch이다. 그러나 그늘이 없지 않다. 그는 특히 개신교가 초기의 생명력을 잃어버리고 율법과 교리와 의식의 교회가 되는 긴급한 위험 가운데 있음을 지적한다. 그럼에도 하르낙은 복음이 개신교의 후퇴 때문에 몰락하지 않고 이겨내리라고 확신한다.(Harnack, 236-262쪽)

---

[*] Adolf von Harnack, 같은 책, 242쪽.

트릴하스W. Trillhaas는 『기독교의 본질』의 내용을 다음의 네 가지로 정리한다. (1) 기독교의 역사에 관한 물음을 묻게 되는데 그러한 물음을 통해서 필연적으로 기독교의 본질에 대한 물음이 등장하게 된다. 하르낙에 따르면 기독교의 본질에 대한 물음의 답은 복음이다. (2) 이 복음은 교리와 구분된다. 교리(대표적인 교리는 기독론이다)는 복음이 그리스 사유와 만난 결과 만들어진 것이다. 하르낙에 따르면 "최초의 기독교는 비교리적 기독교"였다. (3) 하르낙은 이 비교리적 기독교를 뚜렷하게 제시한다. 그것은 예수의 설교에서 발견할 수 있는데 그는 이를 다음의 세 가지 항목으로 요약한다. "첫째, 하나님 나라와 그 나라의 도래, 둘째, 하나님 아버지와 인간 영혼의 무한한 가치, 셋째, 더 나은 의와 사랑의 계명." (4) "기독교의 역사 진행, 즉 성경의 정경화, 신조 및 교리적 신앙고백의 발생, 주교의 권위" 등의 여러 가지 요소들은 "본래적 기독교의 요소들을 은폐"하기도 한다. 트릴하스에 따르면, 하르낙은 기독교의 본질에 대한 물음은 기독교의 해방과 직결되며, 기독교의 본질을 묻게 되면 결국 교리, 교권에 대항하게 된다고 보았다.*

---

* 이상, W. Trillhaas, 「서문」, 7-16쪽 참조.

V.
기독교 본질 논쟁

본서 『기독교 본질 논쟁』의 저자 토머스 베일리 손더스는 쇼펜하우어와 하르낙의 번역자로 알려져 있다. 손더스는 하르낙의 주장에 대한 최대의 비평가로 옥스퍼드의 센데이 교수를 지목한다. 스트롱Dr. Strong에 대해서도 짧게 다루지만 그가 논의하는 주된 구도는 하르낙 대 센데이이다. 손더스는 이 두 사람의 대결을 단지 두 학자의 대결일 뿐 아니라 베를린 대학과 옥스퍼드 대학이라는 두 대학의 학풍의 대결로 바라본다. 동시에 두 사람의 대결은 하르낙의 강연록 『기독교의 본질』과 센데이의 비평문 『하르낙의 기독교의 본질에 대한 검토』*An Examination of Harnack's What is Christianity**의 대결이다. 가히 '기독교의 본질 논쟁'이라고 부를 수 있을 것이다. 논쟁의 내용은 책에 자세하게 수록되어 있지만 여기에서 전체적인 내용을 간략하게 요약하고 정리하고자 한다.*

/ 센데이의 하르낙 비판 요약

손더스가 보기에 센데이의 주요한 이견은 다음과 같이 정리될 수 있다.

(1) 센데이의 주장에 따르면, 하르낙은 기독교의 본질을 자신의 몇 가지 주장으로 '환원'reduction시켰다. 그러므로 하르낙의 강의가 제시해 준 것은 기독교 자체가 아니라 관념적으로 재구성된 기독교일 뿐이다. 오히려 그 강의는 기독교의 본질을 누락시켰다.

> 그(센데이: 역자)는 베를린 대학에서는 비평운동이 '환원'reduction의 과정 안에서 쟁점화되는 것으로 생각된다고 이야

* W. Sanday, *An Examination of Harnack's What is Christianity*, BiblioLife, 2011.

윌리엄 샌데이(1843-1920). 영국 신학자이며 성서학자.
『그리스도 생애의 개요』와 『로마서에 대한 비평적 주해적 주석』 외 저서들을 남겼다.

기한다. 그런 이유로 하르낙 교수의 강의가 우리에게 제공하는 것은 단지 관념으로만 구성된 기독교이자, 항상 본질적으로 채택되어야 하는 것이 누락되어버린 환원된 기독교이며, 그는 우리에게 환원된 기독교를 추론하라고 요구한다는 것이다.

센데이에 따르면, 하르낙의 강의는 환원에 의해서 복음의 부분만을 제공할 뿐 전체를 제공하지는 않는다. 그는 신약성서 가르침의 총체the sum total 대신에 자신의 견해를 받아들이라고 주장한다.

그(하르낙: 역자)는 우리에게 복음의 부분을 제공할 뿐 전체를 제공하지 않는다고들 한다. 그는 예수의 가르침 안의 가장 중요한 요점들에 대한 그 자신만의 견해를 제공하고, 우리에게 우리가 알고 이해하고 있는 기독교를 대신해서 이를 받아들이라고 요구한다. 우리에게 그리스도가 오셔서 창립했던 그 종교의 내용들에 관한 신약성서 가르침의 총체로부터 우리가 유래를 찾아왔던 신조를 대신해서 이것(하르낙 자신만의 견해: 역자)을 받아들이라고 그는 요구한다.

(2) 센데이는 하르낙이 제4복음서 저자의 해석을 폄하한다고 비난한다. 그런데 센데이의 견해에 따르면 제4복음서에 대한 반대는 초자연 일반에 대한 반대를 의미한다. 쉽게 표현하자면 제4복음서를 반대하면 기독교의 초자연성은 사라지고 자연적인 종교만 남는다는 것이다.

(3) 센데이에 따르면 하르낙은 교리 없는 기독교인으로 살아가라고 한다. 하르낙은 기독론이 없는 기독교를 원한다.

/ 스트롱의 하르낙 비판 요약

손더스는 센데이 이외에도 스트롱 박사Dr. Strong의 비평을 고찰하는데, 스트롱은 손더스의 입장에서는 센데이보다 더 만족스럽지 못한 비평자 유형이다. 스트롱의 기본입장을 정리하면 다음과 같다.

(1) 복음서가 단편으로부터 현재의 형태로 만들어졌지만 현재의 형태의 중요성을 더 강조한다.

(2) 기독교는 관념이 아니라 사실에 의거하는 것이다. 기독교는 복음서와 신약의 다른 책들이 증언하는 사실에 의거

한다.

(3) 니케아 신조에서 표현된 기독교는 인간의 종교적 필요를 충족시킬 수 있는 유일한 신앙이다.

이러한 입각점에서 스트롱은 하르낙을 반대한다.

(1) 하르낙의 입장은 영국의 보통 사람의 견해와 별반 다르지 않다.

(2) 하르낙은 위태롭게도 주관적인 방법을 도입하고 있다. 그의 설명은 복음에 대한 신비주의적이고 개인주의적인 견해이다. 이러한 이해는 교회의 가르침과 반대된다.

(3) 하르낙이 요약한 바 예수의 선포의 세 가지 핵심인 "하나님의 아버지되심, 하나님 나라, 더 높은 의"는 자연종교Natural Religion로의 회귀에 불과하다.

(4) 하르낙의 주장은 신약성서를 갈기갈기 찢어버리고 기독교의 전 역사가 일련의 오류라고 생각할 때 가능하다.

손더스의 센데이 반박

이 책에는 하르낙을 반박했던 센데이와 스트롱에 대한 재반박이 수록되어 있다. 먼저, 손더스는 센데이에 대해서 다음과 같이 반박한다.

(1) 먼저 환원에 관한 논의를 살펴보자. 이 부분은 하르낙과 센데이의 기독교 본질 논쟁 중 가장 중요한 지점이며 따라서 배울 점이 많다. 센데이는 하르낙이 기독교의 본질을 찾는 작업이 기독교를 자신의 견해로 '환원'시키는 과정이라고 비판했다. 이러한 비판에 대해서 손더스는 우리가 여러 세기 동안 기독교라 불러온 것을 무차별적으로 받아들이지 않으려면 알맹이와 껍질을 구분하는 작업이 필수적이라고 말한다. 한마디로 말해서 모든 기독교인이 일종의 환원 작업을 행하고 있다는 것이다. 심지어 하르낙이 기독교를 몇 가지 요소로 환원한다고 반대하는 센데이조차도 환원하지 않는 것은 아니다. 그래서 손더스는 '기독교가 핵심 요소로 환원될 수 있는가?'가 중요한 것이 아니라 기독교의 본질을 이루는 '핵심 요소가 무엇인가?'라는 것과 어떻게 그러한 본질에 접근하는가가 중요하다고 본다. 손더스에 따르면 하

르낙은 '기독교의 본질이 무엇이냐?'는 물음에 대한 대답을 '예수 그리스도와 그의 복음'에서 찾았다. 그리고 손더스가 보기에 이것은 모든 기독교인에게 아무런 문제가 없는 주장이다. 손더스는 역으로 하르낙에 대한 비평가들을 다음과 같이 반박한다.

이 문제에 대한 명백한 사실은 비평에 의해 기독교가 환원된다고 불평하는 사람들은 사실을 혼동하고 있다는 것이다. 그들은 뚜렷한 역사적 현상으로서의 기독교와 그 기독교가 자라나온 복음을 혼동한다.

손더스는 하르낙의 '환원'을 비판하는 사람들이 오히려 영원한 복음과 역사 현상인 기독교를 혼동한다고 주장하고 있는 것이다. 이것이 근본적인 대결 지점이다.

하르낙은 기독교의 본질을 교의에서 찾지 않고 자신이 역사적 연구를 통해서 찾아낸 단순한 복음에서 찾는다. 반면 센데이와 옥스퍼드 신학자들은 신약성서 가르침의 '총체'the sum total에서 찾는다. 이 총체라는 말이 애매하다. 결국 당대 하르낙의 비평가들이었던 옥스퍼드 신학자들에게 이 총체는 "신조"에 다름 아니다. 여기에서 '하르낙이 치밀한 역사적 연구를 통해서 찾아낸 기독교의 본질은 환원에 불과하며 자신의 관념에 머무르는 것이고, 신조는 신약성서 가르침의 총체를 올바르게 오류 없이 요약해냈다는 확신의 근거가 어디에 있는가?'라는 의문이 제기될 수 있다.

(2) 센데이는 하르낙이 제4복음서를 폄하하는 것을 비난했다. 그는 제4복음서에 대한 거부는 초자연 일반에 대한 반대라고 보았다. 심지어 요한복음에 관한 전통적인 견해를 받아들이지 않으면 기독교인이 아니라고 보았다. 손더스는 센데이의 이러한 입장에 난색을 표한다. 사실 역사적 입장에서 보면 공관복음서(마태, 마가, 누가복음)이 요한복음보다 역사적으로 더 신뢰할 만하기 때문이다. 물론 손더스가 요한복음의 종교적·영성적 가치를 부인하는 것은 아니다. 그러나 역사적으로 요한복음은 공관복음서보다는 부정확하다. 그런데 요한복음을 반대하는 사람이 기독교인일 수 없다는 말은 당황스러운 주장이라는 것이다.

(3) 센데이가 하르낙에 가한 가장 치명적인 지적은 하르낙이 기독론 없는 기독교를 만들려고 한다는 것일 것이다. 하르낙은 기독교의 본질을 첫 번째 제자나 사도들에게서 찾는 것이 아니라 예수 자신의 선포에서 찾는다. 그리고 하르낙은 그러한 선포, 즉 복음은 교의와 무관하다고 본다. 손더

스는 예수가 자신의 복음을 선포할 때 "내적 소명의 신비한 감각과 고도의 사명감을 가지고 있었고 또한 그가 하나님을 아버지로 표현할 정도로 하나님과 특별한 관계를 맺고 있다는 독특한 의식을 소유하고 있었다는 것을 우리는 인식할 수 있으며 인식해야 한다"고 말한다. 손더스는 하르낙이 강조한 바 "그리스도의 위격에 관한 모든 이론의 목적이 복음의 중심에 있는 인격적 힘을 확실시하는 것이라면, 그런 관점에서라면, 하르낙 교수의 기독교 개념은 기독론을 인정할 뿐 아니라 기독론에 가장 본질적인 형태를 부여한다"고 주장한다.

/ 손더스의 스트롱 반박

스트롱의 입각점을 살펴보면, 그는 복음서의 단편 전승보다는 최종 형태가 중요하고, 기독교는 관념이 아니라 사실에 의거하는데, 신약성서가 사실을 증언한다고 보며, 니케아 신조가 인간의 종교적 필요를 충족시킬 유일한 신앙이라고 주장한다.

손더스는 단편 전승보다 최종형태가 중요하다는 주장이

유지될 수 없다면 두 번째의 논지, 즉 기독교가 사실에 의거하며 신약성서가 사실을 증언한다는 주장도 유지될 수 없다고 본다. 사실 손더스는 스트롱에게 역사가의 기초자질인 솔직함, 공명정대함, 올바른 평가 등이 결핍되어 있다고 본다. 그리고 손더스에 따르면, 스트롱은 325년의 니케아 회의가 3세기 전의 예루살렘에서 일어났던 사건에 대한 정확한 설명을 한다는 주장을 믿으라고 강요하는데, 손더스는 그렇게 할 수가 없다. 손더스는 스트롱의 지적 정직성의 결여와 역사가적 감각의 결여를 넌지시 비판한다.

이어 손더스는 스트롱의 하르낙 비판에 대해서 하르낙을 변호한다.

스트롱은 하르낙의 입장이 영국의 보통 사람의 견해와 다르지 않다고 비판했다. 손더스는 이를 하르낙에 대한 큰 칭찬으로 받아들인다. 왜냐하면 하르낙 교수의 주장에 따르면 복음은 신선한 안목을 가진 사람이라면 누구나 알 수 있는 단순한 것이기 때문이다.

손더스는 스트롱의 다른 비판, 즉 "하르낙이 주관적이며 개인주의적인 관점을 취하고 있다, 하르낙이 요약한 바 예수의 선포의 세 가지 핵심인 하나님의 아버지되심, 하나님 나라, 더 높은 의는 자연종교Natural Religion로의 회귀에 불과하다, 하르낙의 주장은 신약성서를 갈기갈기 찢어버리고 기독교의 전 역사가 일련의 오류라고 생각할 때 가능하다"는 비평에 대해서는 면밀하게 검토하는 것이 불필요하다고 본다. 왜냐하면 이런 의견들은 하르낙의 풍성하고 명백한 설명을 왜곡하기 때문이다. 손더스는 오히려 공평하면서도 지적으로 해석된 역사가 스트롱의 논쟁에 명백한 답을 줄 것이라고 여긴다.

나는 이 논쟁에 대해서 어느 편을 들 것인가에 관해서는 독자들의 판단에 맡긴다. 아마 어떤 독자들은 이 논쟁 자체가 시간이 지났고 이제는 낡아 시의성을 가지지 못한 논쟁이라고 여길 수도 있을 것이다. 그러나 나는 이 논쟁이 여전히 관심을 가질 가치가 있다고 보며, 오히려 이 논쟁이 잊혀진 것이 아쉽다고 느낀다. 이 논쟁이 한국에서도 활발하게 일어나기를 바란다. 그래서 이 논쟁이 오늘날에도, 아니 매번 새롭게 일어나기를 바라는 마음으로 이 논쟁에 대한 기록을 우리말로 옮겼다.

VI.
예수의 얼굴을 참되게 그리기 위한 시도

하르낙의 강의 및 저술과 그것을 둘러싼 논쟁은 유의미하다. 그러나 이러한 유의미성이 하르낙이 주장했던(즉 그가 재구성했던) 예수의 복음이 기독교의 진정한 본질이라는 결론으로 나아갈 수는 없다. 나는 그의 『기독교의 본질』을 유일하며 궁극적인 대답이 될 수는 없다고 생각한다. 그 역시 기독교의 본질을 나름대로 찾아본 것에 불과하다. 그 역시 나름대로 예수의 얼굴을 그렸을 뿐이다. 하르낙에 대한 가장 치명적인 비판은 하르낙이 제시한 기독교의 본질이 독일 관념론의 영향을 받은 것이며, 따라서 하르낙의 시도가 자신의 의도와는 정반대로 복음의 독일관념론화로 귀결된다는 주장이다. "그의 '순수한' 기독교에 대한 추구는 '현대적인' 도그마로부터 자유로운 기독교에 대한 동경에서 비롯되었지만, 그가 찾았다고 생각했던 '순수한' 기독교 역시 지극히 '현대적인' 기독교였던 것이다."* 또한 나는 하르낙이 기독교의 역사를 평가하면서 개신교를 지나치게 긍정적으로 평가하고 동방정교회와 가톨릭을 왜곡해서 이해했다고 보며 그의 견해를 받아들이지 않는다.

하르낙 이후에도 기독교의 본질과 관련한 여러 저작들이 등장했다. 나는 그 저작들 중 한 가지 사례만을 소개하고자 한다. 내가 소개하고자 하는 저작은 한스 큉의 『그리스도교』이다.** 한스 큉은 기독교의 영속하는 신앙본질을 "예수(는) 그리스도(이시다)"라는 메시지에서 찾았다. 큉에 따르면 기독교는 "예수는 그리스도이다"라는 명제와 사실 위에 있다. 그는 이러한 본질이 역사를 거쳐 다양한 패러다임 paradigm의 기독교로 그 모습을 드러내었지만 영속적으로 존재하고 있다고 본다.***

---

* 김승철, 「교회사 서술의 몇 가지 유형」, 『복음과 세계』 6집, 1996, 13쪽.
** Hans Küng, 『그리스도교: 본질과 역사』, 이종한 옮김, 분도출판사, 2005.
*** 큉은 예수는 그리스도라는 영속적인 신앙본질이 다양한 패러다임의 역사적 기독교로 나타났다고 본다. 기독교 묵시문학 패러다임, 고대교회 헬레니즘 패러다임(정교회의 정통주의), 중세 로마 가톨릭 패러다임(로마 가톨릭 권위주의), 종교개혁 개신교 패러다임(개신교의 근본주의), 근대 계몽주의 패러다임(자유주의의 근대주의), 현대 일치운동 패

물론 본질과 패러다임에 관한 큉의 논의가 완전히 만족스럽지는 않다. 최근의 학문적 발전에 따르면 다소간 낡은 것으로 보인다. 물론 기독교의 본질 및 역사와 관련하여 그 이상의 논의가 이루어져야 한다. 그러나 하르낙으로부터 촉발된 기독교 본질 논쟁의 책을 위한 번역자의 말이 그 이상을 논의하기에는 적절치 않기에, 이 주제는 여기에서 그치도록 하겠다.

다양한 패러다임으로 펼쳐졌던 2000여 년 기독교의 역사는 나름대로 기독교의 본질에 도달하려는 노력이었고, 예수의 얼굴을 그리려는 노력이었다. 하르낙 역시 나름대로 예수의 얼굴을 그렸다. 예수의 얼굴을 그린다는 말이 나왔으니 이 말과 관련하여 유명한 한 사람을 거론해야겠다. 그는 바로 슈바이처A. Schweitzer이다. 슈바이처는 위대한 역작 『예

러다임(포스트모던?)으로 기독교 역사의 패러다임을 바라본다. 그는 본질과 형태의 변증법과 본질과 왜곡의 변증법을 강조한다. 기독교가 다양한 역사적 모습을 갖지만 동시에 "항구적이고 불변적인 것"이 존재한다. 그렇지만 이러한 본질은 변화하는 것 안에서만 존재한다. 본질은 역사적 형태 안에서만 드러난다. 그런 면에서 본질은 존재하지만 역사적 형태로부터 벗어난 본질 자체란 어디에도 없다. 하지만 그렇다고 하더라도 본질과 형태는 동일시되지 않는다. 이것이 바로 본질과 형태의 변증법이다. 본질과 왜곡의 변증법은 기독교의 왜곡이 기독교의 본질에 힘입어 존재하면서도 본질과 상충된다는 것이다. Hans Küng, 『그리스도교: 본질과 역사』, 이종한 옮김, 분도출판사, 2005, 그리스도교의 패러다임 전환 도표, 37-41쪽 참조.

수의 생애 연구사: 라이마루스에서 브레데까지』*Geschichte der Leben Jesu Forschung*를 썼다.* 이 책에서 그는 역사적 예수를 연구한 사람들이 예수의 얼굴을 그리려 했으나 결국에는 자신의 얼굴을 그렸다고 평했다. 슈바이처의 이러한 평가가 준 충격적인 주장은 역사적 예수 연구의 오래된 탐구Old Quest를 끝내고, 새로운 탐구New Quest가 이를 때까지 탐구가 없는 시기No Quest를 이끄는 데 큰 역할을 했다. 그는 단지 하나의 주장을 제시한 것이 아니라 탐구의 방향을 바꾸어버렸던 것이다. 즉 시대를 변화시켰던 것이다. 하지만 나는 예수의 얼굴을 그리려다가 자신의 얼굴을 그렸다는 사태가 그렇게 부정적으로 느껴지지 않는다. 사실 기독교인에게는 예수의 얼굴을 그리는 일은 자신의 얼굴을 그리는 일과 불이不二의 관계에 있는 것이기 때문이다.

나는 기독교의 본질을 예수의 얼굴로, 기독교 본질의 탐구를 예수의 얼굴 그리기로 변환시켰다. 이렇게 변환시킨 이유는 얼굴이 한 인격의 집약이며 정수이기 때문이다. 기독교의 본질이 예수라는 분의 존재와 인격에 달려 있다면, 그의 얼굴과 얼굴빛은 기독교 본질의 집약과 정수라고 할

---

* Albert Schweitzer, 『예수의 생애 연구사』, 허혁 옮김, 대한기독교출판사, 1986.

만하기 때문이다.

　얼굴과 관련해서 함석헌의 「얼굴」이라는 감동적인 시가 있다.

> 우리가 세상에 뭐하려고 왔나?
> 얼굴 하나 볼라고 왔지
> 세상에 나돌아다니는
> 찌그러진 얼굴
> 근심 많은 얼굴
> 남을 괴롭히는 얼굴 별의별 얼굴이 다 있는데
> 참 평화로운 얼굴은 볼 수가 없구나
>
> 그 얼굴만 보면 세상을 잊고
> 그 얼굴만 보면 나를 잊고
> 시간이 오는지 가는지 모르고
> 밥을 먹었는지 아니 먹었는지 모르는 얼굴
> 그 얼굴만 대하면 키가 하늘에 닿은 듯하고
> 그 얼굴만 대하면 가슴이 큰 바다 같애
> 남을 위해주고 싶은 맘 파도처럼 일어나고
> 가슴이 그저 시원한 그저 마주앉아

바라만 보고 싶은

참 아름다운 얼굴은 없단 말이냐?

안병무의 말년의 설교인 「예수의 얼굴을 가진 작은 교회」는 이 함석헌의 「얼굴」이라는 시로 설교를 시작한다. 그의 설교는 예수의 얼굴과 기독교의 본질을 함께 고민한 설교이다. 길지만 그의 설교를 인용해 보고자 한다. 참고로 그때 설교의 상황이기 때문에 건조한 논문의 상황과 달리 청중과 설교자의 역동이 존재했었다. 그러나 그것이 지면으로 옮겨지기는 어렵다. 그의 설교에는 울먹임과 울음이 있었다.

… 왜 우리는 세상에 왔나? 왜 또 하나의 교회를 세우나? 하도 예수의 얼굴을 일그러지게 그리고 있으니까. 나는 비록 못났어도, 내가 예수의 뒤를 따르지 못해도, 내가 그리는 예수의 얼굴과 내 모습이 너무 달라도, 내가 그린 예수의 얼굴이 나를 마구 짓밟아도, 내가 모욕당하고 심판을 받아도 예수의 얼굴을 있는 그대로 그리자. 그 용기를 갖자. 나와 일치시킬 수는 없지만, 최소한. 예수의 얼굴을 이렇게 그려보자 그러면, 사람들이 비웃을 텐데. 아니야, 내가 비웃음을 받을지라도 그의 모습은 정직하게 그리자. 세상에 그대로 드

러내 놓자. 세상에 예수는 있다. 지금도 살아 있다. 2천 년 전의 예수가 아니다. 오늘 어떤 형태로든 살아 있다. 우리의 거리에 살아 있다.

(중략)

김 목사님, 오늘 너무 한계를 지어놔서 운신의 폭이 좁을지는 모르나, 예수의 얼굴을 정말 그리시오. 당신이 망해도 예수는 살아야 하니까. 세례 요한의 말대로, '당신은 흥해야겠고, 나는 쇠해야겠다.' 그 말을 당신 지키시오.*

기독교의 본질을 찾는 작업은 예수의 얼굴을 참되게 그리려는 시도이다.

---

* 안병무, 「예수의 얼굴을 가진 작은 교회」, 1993년 강남 향린교회 창립 예배 설교.

Ⅶ.
기독교 인문학, 교양기독교를 위하여

하르낙의 『기독교의 본질』을 둘러싼 논쟁은 기독교 인문학과 관련된 영감을 줄 수 있다. Bildungschristentum이라는 용어가 있다. Bildung이라는 말과 Christentum이라는 말을 합쳐서 만들어진 용어다. Bildung은 교양과 도야를 뜻하고, Christentum은 기독교이다. 번역하자면 교양기독교, 도야의 기독교가 될 것이다. 사실상 문화개신교라고 할 때 Kultur라는 의미에도 교양의 의미가 내포되어 있다. 최근 한국에는 교양이라는 말보다 인문학이라는 용어가 널리 확산되고 있다. 문화개신교와 하르낙은 기독교 교양 혹은 기독교 인문학의 가능성을 내포하고 있다. 종교개혁 시대만 하더라도 개신교는 인문학적 요소를 적극 수용하였고 유럽의 인문학적 발전에 기여하였다. 한국의 초기 기독교도 다소간 그러한 면모를 가지고 있었다. 그러나 오늘날 기독교의 현장을 살펴보면 그러한 인문학적·교양적 측면이 많이 후퇴되고 있다. 그럼에도 다시금 최근 한국 인문학의 대중적 파급과 아울러서 교회에서도 기독교 고전을 탐독하는 일이 퍼져나가는 작은 변화가 일어나고 있다는 소식을 조금씩 듣고 있다. 본 역서도 이러한 흐름에 미약하게나마 보탬이 되기를 바란다.

이미 옮긴이의 말이 너무나 길어져 버렸다. 감사의 말을 따로 전하기가 어려워 말미에 감사를 표하고 싶다. 누구보다도 함께 이 책을 번역한 김태익 씨에게 특별한 감사를 표하고 싶다. 원래 나이를 떠나서 함께 밥 먹고 함께 대화하며 격의 없는 친구로 지내다가 함께 번역까지 하게 되었다. 함께 원문의 단어 한자 한자를 읽으면서 서로 잊지 못할 즐거운 배움의 시간을 가지게 되었다. 옮긴이의 말은 연장자인 내가 썼지만 번역에의 기여는 김태익 씨가 더 많이 했음을 잊지 말고 밝혀야 할 것 같다. 출판하기 어려운 시대에 책의 출판을 맡아주신 한티재의 오은지 대표와 변홍철 편집장께 감사를 드린다. 또한 한글판 『기독교의 본질』 인용을 허락해 달라는 역자의 부탁에 흔쾌히 허락해 주신 한들출판사의 정덕주 목사님께도 깊은 감사를 드린다. 내 삶의 동반자 아내 송미령과 언제나 힘이 되어주는 딸 시은에게도 고맙다는 말을 전하고 싶다.

이 작은 번역서가 한국 기독교에서 예수의 얼굴을 그리는 일에 조금이나마 도움이 되기를 바라며, 그로 말미암아 한국 사회와 세계에 그 얼굴빛을 비추는 데 조금이나 기여하기를 기도한다.

옮긴이 대표 김재현

기독교 본질 논쟁

하르낙 교수와 그의 옥스퍼드 비평가들

/ 서문

출판에 즈음하여, 저는 버밍엄 대학교University of Birmingham의 소크라테스 학회Socratie Society의 강의의 일부를 글로 옮기게 되어 영광이라고 말씀드리고 싶습니다. 저는 신학부에 더욱 많은 기부금이 주어져서, 그곳 재단의 활동에 조금이나마 도움이 되기를 소망했었습니다. 이 주제에 대한 연구가 독단적인 태도가 아닌 탐구의 정신으로 이루어졌다면 (저는 제가 그렇게 했다고 믿습니다) 우리나라의 그 어떤 최근 대학교들도 이 연구를 영구적으로 무시할 수는 없을 것입니다.

T.B.S

1902년 3월, 런던에서

/ 옥스퍼드 대학과 베를린 대학의 학풍 차이

오늘날 옥스퍼드 대학교와 베를린 대학교는 지적으로 서로 교류하고 있으며, 옥스퍼드의 학식은 베를린의 학식과 견주어서 스스로를 측정하고 있다. 이러한 시대에, 두 세력의 대조라는 쟁점을 놓고 잠시라도 실질적인 의문을 가져보지 않은 사람은 지적으로 둔감한 사람임에 틀림이 없다. 옥스퍼드와 베를린을 함께 묶었음에도 불구하고 그 어떤 심사숙고도 하지 않다니, 이 얼마나 둔감한가! 학술기관의 수준이 동일하고 연구범위가 유사하다고 가정하자. 그렇다면 그 동일성과 유사성이 언제나 국가와 같은 거대 이익집단들 사이의 차이를 매우 잘 부각시킬 수 있을까? 이런 질문을 하지 않고서는 지금처럼 융성한 두 유명한 대학들에 대해 고찰하거나 그 대학들이 각각의 국가를 위해 하는 일을 판단하는 것은 불가능하다. 그 두 대학은 진리를 추구하는 데 있어서 동일한 주장을 제기한다. 두 대학은 지식에 대한 동일한 가치판단 기준을 가지고 있다고 표명한다. 하지만 그 두 대학은 각각의 활동유형, 역사, 전통에 있어서 얼마나 멀리 동떨어져 있는가! 특히, 그 두 대학을 형성시키고 이상에 영향을 끼쳤던 전통에 있어서 말이다. 두 대학의 과학부문을 통틀어서 본다면, 방법론이나 결과에 있어서 차이점이 존재할 수 있다고 말하는 것 자체가 우스운 일이다. 그러나 과학적으로 엄밀하지 않을수록 그리고 그 지식의 분과가 관념적이며 상상적인 요소들로 이루어지면 질수록, 차이점이 존재할 개연성은 더욱 높아진다. 최소한 아직까지는 과학의 지위를 차지하지 못한 연구들 혹은 모든 면에서 과학적 지위를 차지하지 못한 연구들이 많이 존재한다. 그 모든 연구들을 통틀어서 볼 때에도 매우 부적절한 비율로 옛 것과 새 것을 이상하게 섞어 놓은 경우는 아직까지는 없다. 두 대학 중 어느 곳도 한편으로는 매우 행복하게 축적된 중세정신의 더 나은 수확물만 가지고 있거나, 다른 한편으로는 매우 건전하게 교정된 합리주의 및 계몽주의 시대라 불려온 전체 철학의 결점만 가지고 있지는 않다.

그 두 대학에는 각각의 지역성과 외부적 환경들로부터 유래하는 고유의 특성들이 존재하며, 그 특성들은 또한 어느 정도는 그 두 대학의 서로 다른 성격을 드러내준다. 그 두 대학이 이런 특성들을 풍부하게 갖추고 있다는 사실을 우리 중 누가 부인할 수 있겠는가? 더 나아가 특수한 수준에서 본다면 이러한 특성들로 인해 두 대학이 또한 같은 종류의 결점을 가지고 있다는 사실을 누가 부인할 수 있겠는가? 세상의 분주함으로부터 멀리 떨어진 작은 도시에 위치한 대학은 아마도 대도시의 격릴한 삶에서 묻어나는 분위기보다는 더욱 숭고한 분위기를 가질 것이다. 그 분위기는 아마도 빛을 발하고 고요하겠지만, 새로운 사업을 고취시키지는 못할 것이다. 이러한 장소들의 독특한 분위기에 익숙한 사람들은 마치 고대의 궁궐과 정원, 흐릿한 빛과 채플의 여유로운 음악과도 같은, 단조롭고 간결한 독일 홀에서 별다른 감흥을 느끼지 못하는 경우가 대부분이다. 따라서 옥스퍼드 대학교의 의견은 필연적으로 과거의 이념을 과도하게 수용하는 것에 안주한다. 반면에, 베를린 대학교의 의견은 새롭고 모험적인 것에 더욱 접근한다. 비록 베를린 대학교가 그 의견을 펼치려고 노력할 때 인류가 쉽게 포기할 수 없는 그 무엇을 놓치는 듯 하지만 말이다.

/ 종교적 믿음이라는 문제를 취급할 때의 차이

말하자면, 전통과 환경의 조용한 압력은 두 대학의 연구가 서서히 서로 다른 틀을 갖추도록 만드는 데 영향을 끼친다. 특히, 종교적 믿음이라는 핵심적인 문제를 취급할 때 이러한 경향이 가장 눈에 띈다. 이러한 사실은 전혀 놀랍지 않다. 왜냐하면 그 문제의 정서적인 요소들이 지적인 요소들과 마찬가지로 필수적인 곳에서는, 정서적 요소와 지적인 요소 중 어느 쪽이 더 호소력이 있는가에 따라 그 문제를 취급하는 방식이 분명히 달라지기 때문이다. 다소 분명하지는 않지만, 우리 모두는 독일 신학이 영국 신학과는 같은 방향으로 나아가지 않았다는 사실을 의식하고 있다. 아마도 이러한 차이는 단지 한 대학은 지적인 요소가 더 강하고 다른 대학은 정서적인 요소가 더욱 강하다는 학문적 분위기 때문에 발생했을 수도 있다. 우리는 다음과 같은 일반적인 인상을 가지고 있다. 독일 탐구자The German inquirer는 종교적 정신을 예리하게 촉진시키는 데 무디다. 또한, 그는 종교적 정신의 신비에 대해 적절한 감각을 가지고 있지 못하다. 그리고 그는 종교적 직관의 심오한 의의와 그것의 지속성이 지니는 도덕적 측면에 대해서는 약간의 주의만 기울였다. 사람들은 다음과 같이 말한다. 독일 탐구자는 비평에 있어서 너무 파괴적이다. 또한 그는 그가 받아들이기를 꺼려하는 것은 그것이 무엇이든지 간에 그 진정성을 반박하는 데 급급하다. 나아가 그는 현상에 대한 자연적인 설명을 제시하려는 열정으로 가득 차 있다. 하지만 이 현상은 자연적으로 설명된다면, 그 힘과 심지어 의미마저도 잃어버리게 되는 그런 것이다. 반면에 사람들은 영국 탐구자The English inquirer에 대해서 다음과 같이 말한다. 그는 너무나 적게 탐구한다. 그는 연구에 의거하지 않은 채 신조문을 해석한다. 그는 또한 역사 속에서의 심리학적 요소를 전혀 허용하지 않고, 다만 전통에만 최고의 관심을 두고 신조문을 해석한다. 그리고 만약 누군가 전통에 대해 여하한의 비판이라도 시도하려는 사람이 있다면, 그는 비평의 결과를 그들이 파괴했던 바로 그 관념[즉, 비평 이전의 전통적인 관념]과 섞으려고 시도함으로써 비평의 결과를 무시한다.

/ 기독교 기원의 문제를 논의할 때 드러나는 차이

    이러한 일반적인 인상은 사실들에 의해 어느 정도는 입증된다. 이는 지난 세기 중반, 몇몇 독일의 탁월한 신학자들이 기독교의 기원을 다룬 방식에서 드러난다. 그 방식을 보면, 그들이 기독교의 기원이라는 주제의 어떤 필수불가결한 요소들을 무시하고 있으며, 증거가 불충분하기는 하지만 [일반적으로] 받아들여졌던 견해들을 포기하고 있다는 주장이 일리 있음을 알게 된다. 이러한 주장은 오늘날 가장 유능한 신학자들 혹은 적어도 가장 폭넓은 영향력을 끼치고 있는 신학자들을 반대하는 데 종종 사용된다. 나아가 그들 중 다수가 사용했던 방법들은 여전히 생각이 깊지 않은 대중들에 의해서는 신성모독이라는 비판을 받고 있다. 또한, 믿음이 증거와 이성보다 우위에 있다고 공공연히 믿는 이들에게는 천박하다는 비판을 받고 있다. 이는 의심할 여지가 없는 사실이다. 영국 신학의 공식적인 대변자는 교회와 대학이다. 최근까지도 전통에 대한 존경이 영국 신학을 전적으로 결정해왔다. 해치Hatch와 한두 명의 다른 사람들의 글을 제외한다면, 영국 신학에는 용기와 공정함이 부족하다. 굳이 영국에서 이루어진 신학과 해외에서 이루어진 신학을 대조해 본

사람이라면, 그 누구라도 이러한 사실을 부인하기는 어려울 것이다. 다음의 사실을 기억하는 것은 도움이 될 것이다. 『시대에 대한 고찰』The Tracks for the Times이 출간과정에 있었을 때, 슈트라우스Strauss의 『예수의 생애』Leban Jesu가 독일에서 출판되었다. 또한, 독일 신학자들이 끊이지 않는 인내 및 노력과 심지어 수많은 실패와 실수를 통해 기독교 문서들을 면밀히 검토하여 근대성서비평학the modern science of Biblcial criticism에 도달했던 바로 그 기간 동안, 영국 신학자들은 주로 기독교의 부흥을 이끌거나 고대의 형식과 의식에 생기를 불어넣는 데 참여했다. 사실, 양 측면 모두 탁월했으며 따라서 그 업적이 쉽게 분류될 수 없는 신학사늘도 존재했다. 특히, 영국 신학자 가운데서도 뛰어난 지적인 성취에서만큼이나 성품에 있어서도 탁월했으며, 교회사에 대한 학식에 못지않을 만큼 믿음의 철학에도 조예가 깊었던 한 신학자가 존재했다. 그러나 영국신학과 독일신학이 끼친 그 영향력과 양측의 활동의 대중적인 결과라는 측면에서는 폭넓은 차이점이 존재한다. 한쪽[즉, 독일]에서는 특정한 교리들이 이미 사라졌거나 꾸준히 쇠퇴하고 있는 관념들의 산물이라는 사실을 보여주려고 노력하고 있었다. 반면에 다른 쪽[즉, 영국]에서는 실행을 통해서 다음과 같은 사실을 입증하려고 노력하고 있었다. 즉, 만약 교리들이 한때 팽배했던 그러한 의미를 가진 것으로 [사람들의 인식 속에] 더 이상 유지될 수 없다면, 그 교리들은 최소한 상징적인 활동과 엄숙한 종교의식으로나마 유지되어야 한다는 사실 말이다. 튀빙겐Tübingen의 슈트라우스Strauss와 바우어Baur는 이제껏 지속되어 왔으며, 언젠가는 독일종교개혁Reformation in Germany의 업적을 완성할 비평운동critical movement을 더욱 촉진시키고 있었다. 반면, 동시대 옥스퍼드 신학자들, 특히 뉴먼Newman, 퓨지Pusey, 키블Keble은 영국에서의 동일한 업적[즉, 비평운동]을 상당히 경감시켰던 감정적 공감대를 형성시키고 있었다.

I.
'환원' 문제와 관련된 논쟁

/ 하르낙, 베를린 대학 최고의 신학자

옥스퍼드에서, 가톨릭 르네상스의 열렬한 신봉자들은 대체로 학습과 연구가 자신들을 지지한다고 주장한다. 또한 추측건대, 이러한 관점을 바탕으로 누군가가 다른 곳의 학습과 연구의 결과를 받아들이는 태도를 취하라고 제안한다면, 그들은 그것을 받아들일 용의가 있다. 그러나 튀빙겐Tübingen은 베를린Berlin에게 자리를 넘겨주었다. 사실상 독일 신학과 독일 비평은 어느 곳에서나 높은 평판을 누리고 있으며, 제국의 수도에 세워진 그 대학[베를린 대학]은 그러한 평판을 독점하지 않으면서도 누리고 있다. 실제로 괴팅

겐Göttingen, 할레Halle, 기센Giessen, 마르부르크Marburg, 에를랑겐Erlangen, 슈트라스부르크Strassburg 등에도 저명한 신학자들이 존재한다. 하지만 저명한 교수들의 숫자, 그들의 업적의 중요성, 또한 그 절대적인 권위를 고려해보았을 때, 베를린Berlin이 현재 최고의 대학이다. 이곳에는 플라이더러Pfleiderer 교수, 바이쓰Weiss 교수, 카프탄Kaftan 교수, 프라이헤어 폰 조덴Freiherr von Soden 교수가 자리를 차지하고 있다. 그리고 이곳에는 그 모두를 능가하는 아돌프 하르낙 교수가 있다. 그는 다른 대학교에서 이루었던 업적으로 위대한 평판을 얻었고, 현재 독일의 영향력 있는 신학자로서 그 누구도 넘볼 수 없는 위치를 차지하고 있다. 그의 동료들 역시 정말로 우수한 학자들이다. 그들은 뛰어난 연구를 수행해왔다. 그들은 몇몇 문제의 결론을 내릴 때, 하르낙과 의견을 달리한다. 아마도, 베를린 대학에서 [누가 최고의 교수냐라고] 평가한다면, 그들의 이름이 거론되지 않는 일은 거의 없을 것이다. 그러나 일반적인 견해에 따라 대표적인 신학자 중 한 명을 꼽으라면, 역시 하르낙 교수이다. 그의 『교리사』*History of Dogma*는 완간도 되기 전에 그 주제에 관한 표준적인 저서가 되었다. 또한, 그의 저작『초기 기독교 문헌사』*History of Early Christian Literature*는 교회주의가 발전되어 가는 과정에서 생겨난 다수의 모호한 문제들에 대한 통찰력을 제공하였다. 나아가, 그는 특별한 주제들에 대해 많은 연구를 진행했으며, 위대한 사람들과 위대한 운동에 대해 많은 강연을 하는 등 학문의 발전에 기여했다. 특히 그의 『프러시아 아카데미의 역사』 *History of Prussian Academy*는 너무 뛰어나 감히 말로는 그 위대성을 표현할 수 없다. 이러한 저작들로 인해, 그는 모든 학자들과 비평가들에게 매우 드문 부류의 학자이며 비평가로 알려지게 되었다. 그러나 그는 그 이상이다. 그는 심오하게 종교적인 사람이다. ('종교적'이라는 말의 뜻은 현재 '열광주의자' 등을 지칭하는 등 매우 심각하게 잘못 사용되고 있는데, 여기에서는 이 말이 가질 수 있는 최고의 의미로 사용되었다.) 그는 마음 상태뿐 아니라 인간의 삶의 품격을 높이고 의미를 부여하는 모든 것에 대해서도 열정을 불러일으킨다. 그는 또한 뛰어난 강연자이다. 그는 학술적인 청중이든지 대중적인 청중이든지 그 어떠한 청중도 매료시킬 수 있다. 그리고 오늘날과 같이, 지적인 의견이 점점 교회주의ecclesiasticism로부터 멀어져 가는 대부분의 장소에서, 기독교를 대하는 그의 정신은 심정적으로 종교에 관심을 가지는 모든 사람들에게 매우 강한 호소력을 발휘하고 있다. 그는 다음과 같이 비평한다. "만약 각국의 신학자들이 어려운 학문적인 언어로 복음서를 다루고 그것을 두터운 학술 서적folios 속에 파묻어 두는 것으로 충분하다고 생각한다면, 그들은 자신들의 의무의 절반만 수행한 것입니다." 학문의 무게를 하르낙 교수처럼 가볍게 짊어질 수 있는 학자는 거의 없다. 그리고 베를린 대학교에서 그 방대한 지식으로 그렇게 많은 숫자의 학생들을 매료시킬 수 있는 사람은 그 어디에도 없다.

/ 『기독교의 본질』, 하르낙의 대표작

위에서 언급한 [하르낙 교수의] 다양한 특성들이 한 권의 책 안에 아주 효과적으로 녹아들어가 있다. 그 책은 지난 2년 동안 수천 명의 독일 독자들에게 큰 기쁨과 가르침을 주었으며, 영국에서도 현재 그 진가가 알려지기 시작하고 있다. 나는 그 책을 『기독교의 본질』*What is Christianity?**이라는 제목으로 번역할 특권을 가졌었다. 『기독교의 본질』*Das Wesen des Christentums*은 원래 600명의 대학생들에게 즉흥적으로 열여

---

* 이 *Das Wesen des Christentums*가 독일어로 기록된 원래의 책 제목이며, *What is Christianity?*는 영역본의 제목이다. (옮긴이)

섯 번 강연된 일련의 강좌였다. 신학·역사·문학 전공의 학생뿐만 아니라, 젊은 의사와 외과의사, 법률가와 임용을 앞두고 있는 공직 입후보자들까지도 이 수업을 들었다. 그 강의의 목적은 다음과 같은 것이었다. 기독교에 대해 평이하게 설명하는 것, 또한 기독교가 무엇이었고 시간의 경과와 외적 압력에 의해 기독교가 어떻게 변해왔는가를 보여주는 것, 기독교가 우리의 삶과 문명의 특정 문제들과 어느 범위까지 관련이 있는지를 확인하는 것. 그 어떤 대학에서도 또는 그 어떤 교수라도 그러한 주제로 그렇게 크고 다양한 그리고 많은 민족들을 대표하는 청중들을 확보할 수 있겠는가. 그들은 수 단위로 진행된 담화를 따라갈 수 있었다. 비록 그들이 명료하고 훌륭하면서도 철저한 주의집중을 했느냐 하는 문제에 대해서는 틀림없이 의혹이 제기될 수 있지만 말이다. [신앙 이외에도] 다른 많은 매력적인 것들이 제공될 수 있는 환경과 전통적인 신앙에 대해 우호적이지 않은 분위기에서, 그 어떤 경우에서라도 신앙의 존속에 전념한 일련의 강의들이 오해의 여지가 없는 성공을 거두었다는 것은 사실 주목할 만하다. 영원히 기릴 만한 형식으로 이루어진 그 강의의 위대성은 독일을 제외한 다른 곳에도 영향을 끼쳐왔다. 비록 그 강의들이 담고 있는 관점들은 열렬히 비판받아

왔지만, 교육에 관한 모든 학위를 가진 남성들과 여성들은 적극적인 관심을 가지고 그 강의를 읽었다. 고귀하고 계몽된 여성인 프레드릭Fredrick 여제의 마지막 나날들에 위로가 된 그 지식에 의해, 영국 내부가 변화하는 것을 우리는 막을 수 없었다.

/ 샌데이가 『기독교의 본질』을 비평함

이 강의들이 옥스퍼드에 전해졌다. 이때, 만약 이 강의들에 대한 의견이 옥스퍼드 대학의 몇몇 신학자들의 판단으로부터 유래한 공공의 평가로부터 형성되었다면, 그 강의들은 분명 [독일에서와 같은] 종류의 찬사를 받지는 못했을 것이다. 그 강의들의 위대한 장점들, 역사적 설명에 대한 수준 높은 예시로서의 가치, 그것들의 학문적 가치, 설득력, 강의들 내에 만연한 진심어린 어조 등은 거부되지 않았다. 적어도 이러한 탁월함을 거부하는 것은 사실 불가능했을 것이다. 그러나 그 강의들이 반감을 일으킨 것은 명백하다. 그것들은 의혹의 눈초리를 받았으며, 그것들이 가진 관점들은 위험한 것으로 치부되었다. 적대적인 비평가들 중 한 명은 깊은 실망감을 고백했다. 그는 무언가 다른 것을 기대해 왔고, 따라서 그가 발견한 것에 대해 개탄했다. 아마 그가 당연시했던 것처럼, 이 책의 강의들이 진지한 문제를 담고 있다는 것과 그 책의 저자가 정말로 종교적인 사람이라는 것을 시인하는 또 다른 이들 역시 하르낙 교수의 의견은 선보다는 악에 가까운 것 같다고 강하게 주장한다. 이 책을 더욱 관대한 정신으로 읽은 또 다른 옥스퍼드의 비평가들도 존재하는데(나는 내가 그들을 알고 있다는 사실에 대해 감사를 표하고 싶다), 그들은 이 책의 종교적인 열정뿐 아니라 저자가 보여주는 진실에 대한 용기와 사랑을 인식한다. 따라서 그들은 이러한 시도를 기독교 역사에 기반을 둔 기독교 신앙에 대한 자연스럽고 합리적인 견해를 수립하려는 시도로서 환영한다. 그러나 지금 이 순간 그들은 침묵하고 있다. 대체로 호의적이지 않은 평가만이 표현될 뿐이다. 나는 센데이Sanday 교수*를 하르낙 교수의 의견을 주로 소개한 사람으로서 알리고, 이 책을 통해서 주로 그에게 주의를 기울이고자 한다. 그 이유는 그가 그[하르낙 교수]에 대한 논평을 처음으로 출간했으며, 그의 견

---

* *An Examination of Harnack's What is Christianity* By Sanday, D.D., LL.D., Lady Margaret Professor and Canon of Christ Church. A paper read before the Tutors' Association on October 24, 1901.

해는 그의 동료들의 입장을 대표할 수 있기 때문이다. 그는 또한 영국에서 기독교 신학계의 대표자로 인식되며, 그의 태도는 독일 신학에 대한 영국 교회의 대부분의 신학자들의 태도로 해석될 수 있기 때문에, 주목할 만한 가치가 있다. (위에서 말한 신학자들 중에는 심지어 비평의 최고의 결과들에 동의할 용의가 있다고 스스로 공언한 신학자들도 있다.)

/ 비평의 핵심: 환원의 문제

예컨대, 그 옥스퍼드 신학자[샌데이 교수]가 이 책[『기독교의 본질』]에 반대하여 제기한 가장 첫 번째 비난은 어떤 성격을 띠고 있는가! 그는 이 책의 좋은 특징들을 기꺼이 받아들인다. 그는 이 책의 신선함, 견해의 폭넓음, 그리고 진실한 열정을 칭찬한다. 그는 또한 이 책이 기독교의 본질에서 이슈가 되는 의문들을 잘 정의하고 있으며, 우리가 방향을 잡기에 좋은 기회를 제공한다는 것을 시인한다. 그러나 지금까지 제기된 그 위대한 의문들에 대해 다룰 때, 그는 의문들에 대해 하르낙 교수가 제기한 대답에 대해서 엄격한 질책을 가한다. 그는 베를린 대학에서는 비평 운동이 '환원'reduction

의 과정 안에서 쟁점화되는 것으로 생각된다고 이야기한다. 그런 이유로 하르낙 교수의 강의가 우리에게 제공하는 것은 단지 관념으로만 구성된 기독교이자, 항상 본질적으로 채택되어야 하는 것들이 누락되어버린 환원된 기독교이며, 그는 우리에게 환원된 기독교를 추론하라고 요구한다는 것이다. 센데이 교수는 다음과 같이 주장한다. 우리에게 기독교를 이와 같이 간주하게 하는 것, 다시 말해 기독교를 그리스도의 가르침과 그의 첫 제자들에 의해 양산된 즉각적인 영향 이상도 이하도 아닌 것으로 간주하게 하는 것은 임의적인 시점으로 선을 긋는 것이다. 그러므로 센데이 교수의 주장에 따르면, 만약 우리가 그 어떤 눈에 보이는 역사적 현상들을 적절하게 평가하려면, 우리는 그 출발점에서만 멈추어서는 안 된다.

/ 본질과 환원의 관계

현재, 전체적으로 이 주장에 대해 어떤 생각을 가지든지 간에, 이것은 많은 존경받을 만한 사람들에게는 확고하게, 그리고 다른 이들에게는 애매하지만 맹목적으로 받아들여지는 견해이다. 즉, 그 비평운동의 견해가 종교의 사활이 걸려있는 그 무엇을 박탈하고 있다는 것이다. 나는 이 주장을 가치적인 측면에서 다루기 위해 노력할 것이다. 그러나 이 주장의 목적이 베를린에서 받아들여지는 기독교의 개념에 대한 가치 혹은 그곳에서 만들어진 역사적인 방법의 사용을 폄하하려는 시도라고 한다면, 이는 하르낙 교수 그 자신이 말한 간단한 언급에 의해서 부서질 수도 있다. 게다가, 하르낙 교수는 너무나 명백하게 이야기했기 때문에 오해의 여지가 없다. 그는 사실 '환원'의 과정을 이야기하긴 했지만, 옥스퍼드식 환원은 아니다. 그는 종교가 그 자체로서 되돌아가는 것, 즉 그것의 본질적인 요소들로 환원되는 것을 말했다.

기독교의 역사에서 진정으로 의미 있는 모든 개혁은 우선적으로 언제나 비판적인 단순화다. 그것은, 역사적 전개과정 속에서 기독교가 상황에 적응하는 가운데 수많은 외래적인 것을 흡수하고 그와 아울러 온갖 잡종과 성경 외적인 것을 산출해 내어 그것을 성스러움의 비호 아래 부득이한 것으로 내세우기 때문이다. 기독교가 무성하게 자라나지 않거나 자신의 보잘것없는 정자에서 숨이 막혀 있다면, 그것을 정화하고 다시 자기 자신에게로 되돌려 놓을 개혁자가 나타나야만 한다.*

나는 이에 대해 다음과 같이 질문해 본다. 어떤 것은 건전한 개혁이고, 다른 어떤 것은 과학적 역사인데, 무엇이 단지 원칙으로의 비판적 환원일 뿐이라는 것인가? 센데이 교수가 '환원된' 기독교를 말한 바, 종교를 그것의 본질적인 요소들로 돌려놓는 과정 및 시간과 환경이 필연적으로 세계의 그 어떤 이상들을 거추장스럽게 하는 우연적인 성장을 벗겨내는 과정은 그가 암시한 환원의 과정과 어떻게 다른가? 만약에 이것이 내가 자랑스럽게 여기는 이 대학의 생각이 아니었다면, 나는 센데이 교수가 '환원'이라는 단어에 숨어있는 애매성을 이해하지 못했다고 추측했을 것이다. 나아가 그의 비평에 대해 고심했던 그의 동료들 중 그가 그 쟁점에 문제를 제기하기 위해 이 모호성을 사용했다는 것을 그에게 알려줄 만큼 용기가 있는 이들은 아무도 없었을 거라고 추측하고 싶었을 것이다.

---

* *What is Christianity?* p. 270. 『기독교의 본질』 한역본 237-238쪽.

/ 환원의 옳고 그름이 아니라 환원의 핵심이 중요함

그러나 우리 모두 처음의 그 근본적인 문제로 되돌아가 보자. 여기에서 제기된 문제는, 기독교의 경우 그 어떤 원칙으로의 비판적인 환원이 전부 허용되는가 혹은 그렇지 않은가에 관한 문제이다. 만약 하르낙 교수에게, 우리가 종교가 무엇이고, 무엇이었으며, 어떻게 이것이 형성되어 가는가를 질문한다면, 나아가 만약 우리가 이 질문에 대해 그가 말한 "역사학 및 체험된 역사로부터 획득된 삶의 경험"*을 사용함으로써 대답하려고 노력한다면, 우리는 원칙으로 돌아가는 것을 확실히 허용하게 되며, 또한 우리는 원칙으로 돌아가도록 강요될 것이다. 만약 우리가 여러 세기에 걸쳐 기독교Christian라고 불러 온 그 모든 것을 무차별적으로 수용하도록 강요받지 않는다면, 우리는 반드시 그 겉껍질로부터 알맹이를 분리하도록 노력해야 한다. 우리는 반드시 이 노력을 더욱 완강히 해야 하며, 그 껍질로부터 알맹이를 지켜내도록 더욱 간절히 바라야 한다. 내가 생각하기에, 그 옥스퍼드의 학자는 이 견해에 대해서는 이의를 제기하지 않는다.

---

* *What is Christianity?* p. 7. 『기독교의 본질』 한역본 23쪽.

기독교의 교의로서 현재 지나가고 있는 것과 이전 시대에 지나간 것들에서 역사적인 거짓으로부터 역사적인 사실을 면밀히 조사할 필요성을 그는 아마도 시인할 것이다. 그는 정말로 많은 이야기를 통해 모든 교리는 그것이 의존하게 된 시대와 관련이 있다는 관점을 허용한다. 예컨대, 센데이 교수는 삼위일체의 교리에 관해서 "그 정의가 올바르게 경계 지워지기보다는 날카롭게 경계 지워진 것처럼 보인다"* 라고 얘기한다. 그러므로 그 쟁점은 일반적으로 이해된 것처럼 기독교가 그 핵심적인 요소들로 환원될 수 있는가 아닌가의 문제가 아니라, 이러한 핵심적인 요소들을 구성하는 것이 무엇인가 하는 것이다. 다시 말해서 그 환원이 얼마나 확장될 수 있는가 하는 것이다.

/ 기독교의 본질: 예수 그리스도와 그의 복음

이것은 삶에 대한 영적인 이상들의 영향을 인식하는 모든 사람들이 깊이 관심을 가지는 문제이다. 궁극적으로, 이것

---

* *An Examination, etc*, p. 28.

은 옥스퍼드와 베를린이 비슷하게 관심을 가지고 있는 신학적 질문이다. 그런데 여기에서 더욱 필요한 것은 이 각각의 대학이 비록 사고의 서로 다른 경향을 나타내지만, 서로 서로를 역시 이해할 수 있어야 한다는 것이다. 하르낙 교수의 견해들은 매우 명백하게 언급되었다. 그는 어디에서도 기독교가 단지 관념이나 가르침으로 구성되어 있다고 생각하지 않았다. 그는 어디에서도 기독교가 그리스도의 말씀 또는 그리스도의 첫 번째 제자들의 인상으로 제한된다고 주장하지 않았다. 그는 어디에서도 기독교 혹은 다른 어떤 역사적 현상들도 단지 그 출발점에 의해서 평가되어야 한다고 요구하지 않았다. 대조적으로, 그는 정확히 그와는 반대로 생각하고 주장하며 요구한다. 하르낙 교수는 이를 아무 생각 없이 또는 책의 뒷부분에서 이해하기 힘든 구절로 말하지 않는다. 그는 이러한 사항을 설명의 매우 중요한 부분에 분명히 명시하며 생각하고 주장하며 요구한다. 그가 순수하게 역사적 주제를 지켜나갈 것이라는 점을 가정해 볼 때, [역사적인 의미에서] 기독교란 무엇인가? 그는 가장 직접적인 방식으로 그가 적용하겠다고 제시한 방법을 사용해서 설명한다. 그는 "어디에서 [찾습니까]?"라고 질문한다. "우리는 [기독교의 본질이라는 물음에 대답하기 위한] 자료들materials을 어디에서 찾습니까?"

    대답은 간단하면서도 사람을 지치게 만드는 것처럼 보인다. 그것은 곧 **예수 그리스도와 그의 복음**이다. 그러나 이것이 확실하게 우리의 논의를 위한 출발점뿐만 아니라 주된 내용을 제공해 주는 것이라면, 우리는 다만 예수 그리스도의 모습과 그의 복음의 근본적 특성들을 설명하는 것만으로 만족해서는 안 될 것이다. 모든 위대하고 유력한 인물들은 먼저 그가 행하는 일들 안에서 그의 본질의 일부를 드러내는 까닭에, 우리는 그렇게 해서는 안 되는 것이다. 물론 일부는 한 인물이 더 강력한 힘을 가질수록, 그리고 그가 다른 사람들의 내적인 삶 속에 더 많은 영향을 미칠수록, 그의 총체적 본질이 그의 말과 행동에 의해서만 인식될 수 있는 가능성은 더 줄어든다고 말할 수 있다. 그를 지도자이자 주Herr로 섬겼던 이들에게서 그 인물이 보았던 영향과 효과를 고려해야만 한다. 그러므로 예수 그리스도의 설교에만 국한되어서는 무엇이 기독교적인 것인가라는 질문에 대한 완전한 대답을 얻는 것은 불가능하다. 우리는 예수의 일 세대 제자들—그와 함께 먹고 마셨던—까지 포함해서 생각해야 하며 그들로부터 그들이 예수에게서 체험했던 것을 들어야만 하는 것이다.

그러나 그것으로도 우리의 소재가 남김없이 다 이야기된 것은 아니다. 만약 기독교에서 그 영향력이 어느 특정 시대에만 결부되어 있지 않은 한 주요 인물이 문제가 되는 것이라면, 그리고 그가 기독교 내에서와 그와 유사한 것을 통해 **일회적으로**가 아니라 계속해서 힘을 발휘해 왔다면, 그의 정신이 일구어 낸 이후의 모든 소산들 또한 아울러 고려되어야만 하는 것이다. 단조로운 반복을 통해 전달되거나 부지불식간에 왜곡된 하나의 '교설'이 문제가 아니라, 언제나 새롭게 불붙곤 했던, 바야흐로 자신의 불꽃으로 타오르고 있는 하나의 **생명**이 문제인 것이다. 우리는 또한 이 자리에 심겨진 그 종교가 미래에 그것이 창설될 당시보다 더 위대한 것을 경험하고 더 깊은 것을 보게 될 것이라는 사실을, 그리스도 자신 및 사도들이 확신했다는 것을 추가로 언급할 수 있을 것이다. 그들은 그가 하나의 명료함으로부터 또 다른 명료함으로 나아가리라는 것과 더 큰 영향력을 펼쳐나가리라는 것을 믿었다. 우리가 한 식물의 뿌리와 줄기뿐 아니라, 그것의 껍질과 가지, 그리고 꽃까지 아울러 관찰한 다음에야 완전하게 한 식물을 알게 되는 것처럼, 그것의 전 역사에 걸쳐 있어야만 하는 완전한 귀납을 바탕으로 해서만 우리는 기독교라는 종교를 올바로 평가할 수 있다.*

그리고 다시, 몇 페이지 이후에서는,

    우리는 역사 내에서의 기독교적인 것의 주된 변화들을 좇아가서 중요한 유형들을 파악하려는 시도를 하게 될 것이다. 복음에 귀속되어 있는, 이 모든 현상들 가운데 존재하는 공통된 것과, 또한 역사에 귀속되어 있는, 복음의 기본적 특징들이 우리를 사실의 핵심에 다가가도록 해줄 것이라는 희망을 가져도 좋을 것이다.**

뒤따라 나오는 모든 것에 요지(주제의 발전과정에서 계속하여 되돌아가는 요지)를 제공하는 위의 문구들은 그 자체로서 하르낙 교수가 기독교에 대해 굉장히 제한된 견해를 취한다는 비판을 반박하기에 정말로 충분하다. 만약 위의 문구들만으로도 충분하지 않다면, 위대한 현상은 단지 그 기원에 의해서만 진가를 인정받는다는 견해를 분쇄하기 위해 이 문구들

---

* *What is Christianity?* p. 10, 11. 『기독교의 본질』 한역본 26-27쪽.
** *Ibid*, p. 15. 『기독교의 본질』 한역본 31쪽.

을 포함하고 있는 책의 절반 분량을 통해 사도 시대의 복음, 그리스와 로마의 가톨릭주의, 그리고 개신교를 다루었다는 사실도 있다.

/ 환원을 비판하는 사람들의 혼동

그러나 이러한 명백한 조짐에도 불구하고, 실제로 하르낙의 강의에 적용된 판단기준the criterion은 예수의 가르침의 훼손된 판본과 그가 오직 그것만을 복음서의 진정한 의미라고 주장했다는 반대의견이 제기되었다. 하르낙 교수에 있어, 복음이란 예수의 행위와 말씀에 의해서 배운 교훈이다. 그가 판단하건대 복음은 시대를 초월해 기독교의 움직임 전체에 적용되는 판단기준이다. 이는 참이라 할 수 있다. 나는 어떤 옥스퍼드의 신학자가 복음이라는 말로 그 외의 어떤 것을 의미할 수 있는지 또는 그가 다른 어떤 판단기준을 선택할 수 있는지에 대해서는 알지 못한다. 이 문제에 대한 명백한 사실은 비평에 의해 기독교가 환원된다고 불평하는 사람들은 사실을 혼동하고 있다는 것이다. 그들은 뚜렷한 역사적 현상으로서의 기독교와 그 기독교가 자라나온 복음을 혼동한다. 또한 그들은 기독교가 부분적으로 발전시켰고 부분적으로 왜곡시켰으며, 부분적으로 포기했던 관념과 가르침을 복음과 혼동한다. 어떻게 교회에 의해 표현되어 온 기독교가 역사학에 의해 드러난 것으로서의 복음과 연관될 수 있겠는가. 더도 덜도 아니고 이 부분이 (나도 여기에 동의한다) 바로 하르낙 교수가 보여주기 위해서 애쓰고 있는 것이다.

그러나 사람들은 그가 이렇게 하기 위해서 복음을 훼손하고 있다고 이야기한다. 그는 우리에게 복음의 부분만을 제공할 뿐 전체를 제공하지는 않는다고들 한다. 그는 예수의 가르침 안의 가장 중요한 요점들에 대한 그 자신만의 견해를 제공하고, 우리에게 우리가 알고 이해하고 있는 기독교를 대신해서 이를 받아들이라고 요구한다. 우리에게 "그리스도가 오셔서 창립했던 그 종교의 내용들에 관한 신약성서의 가르침의 총체"*로부터 우리가 유래를 찾아왔던 신조를 대신해서 이것을 받아들이라고 그는 요구한다. 우리가 확신하건대, 그는 자료를 다룸에 있어서 덜 자의적이지도 않았다. 그는 그리스도와 그의 복음이 첫 번째 제자들에게 끼쳤던 인상이 가장 중요하다는 사실은 시인하지만, 그 모든 것

---

* *An Examination, etc*, p. 6.

을 권위 있는 것으로서 받아들여야 한다는 점에 대해서는 거부한다. 그는 제4복음서 저자에 의해 주어진 해석을 폄하한다. 독단적인 교리에 대한 그의 불관용 안에서, 그는 그리스도인에 관한 그 어떤 독단적 교의 없이도 기독교도로서 살아가고자 하는 듯하다. 즉, "그는 기독론Christology이 없는 기독교Christianity를 원한다."*

---

* *Ibid*, p. 13.

Ⅱ.
센데이의 '총체'에 대한 반박

/ 본질(알맹이)과 역사적 현상(껍데기)의 구분

무언가를 본질적인 요소들로 환원시키려 노력한 역사학자에게 그것을 훼손했다고 비난하는 것은 논란의 여지가 있는 방책이다. 하지만 이러한 일은 너무나 일반적으로 일어나서 특별한 사과조차 요구하지 않는다. 심지어 이는 신학자들에게 있어서도 마찬가지이다. 그리고 어쨌든 이 경우에 있어서도 아무도 사과하지 않았다. 하지만 의견의 불일치를 표현하는 더욱 온건한 방법들도 존재한다. 여기서 우리는 반드시 그 비난을 검토하는 것으로부터 시작해야만 한다.

하르낙 교수는 "기독교란 무엇인가?"라는 질문에 대답하는 과정에서 자신은 오직 역사학자로서 이야기할 것이라고 공표한다. 또한, 그는 자료를 찾을 것이라고 선언한다. 여기서 그가 찾고자 하는 자료란 복음이 최초의 제자들에게 끼친 인상에 관한 것뿐 아니라 복음의 정신으로부터 형성된 후대의 모든 산물들에 관한 것이다. 이 후대 산물은 후속 세대에서 소유하게 될 더 위대한 의미와 더 심오한 운명을 포함하고 있다. 현재 만약 역사학이 우리에게 무엇인가를 가르친다면, 그것은 반드시 두 가지여야 한다. 첫째로, 역사학은 반드시 실제로 발생한 일을 확인하려 해야 한다. 이것은 후대의 사람들이 발생했다고 믿는 것과 항상 일치하지는 않는다. 나아가 만약 그 역사적 교훈이 어떤 가치의 문제라면, 그것은 반드시 본질적인 것을 잡아내고 우연적인 것을 제거하는 방향으로 진행되어야 한다. 이 과업은 필연적으로 어려울 수밖에 없다. 하지만 이 문제에 있어서는 애당초 우리가 복음을 복음이 출현한 시대와 완벽하게 연결시켜야 한다는 요구를 충족시키려 한다면, 이는 절대적으로 불가능해진다. 과거로부터 받아들였던 위대한 신앙들 중 그 어느 것이라 하더라도 만약 우리가 그렇게[즉, 그것이 출현한 시대와 완벽하게 연결시켜야 한다는 식으로] 다루었다면, 그 신앙들은 살아남을 수 없었을 것이다. 우리 모두는 지금 노예제도가 정말로

견딜 수 없는 짐이라는 점에 대해 동의한다. 그러나 특정 시대에는 노예제도가 단지 그저 다소 좋지 않은 일로 여겨졌다는 사실을 우리가 의심할 수 있는가? 게다가 분명한 것은 하르낙 교수 그 자신이 관찰한 대로, 이러한 종류의 요구*를 하는 사람들은 그 일이 절대적으로 불가능하다는 사실을 심각하게 생각하지 않는다는 것이다. 만약 그들이 이러한 사실을 심각하게 생각하려고 했다 하더라도, 복음과 복음이 출현한 시대를 완벽하게 연결시키지는 못했을 것이다. 왜냐하면 그들은 자신들 역시 자기 시대의 아들로서 느끼고 판단할 수밖에 없기 때문이다.

가치 있고 영속적인 것을 확인해야 하는 역사가에게는—그것이 역사가의 지상 과제이거니와—말에 매달리는 것이 아니라 **본질적인 것을 탐구해야 한다**는 필연적인 요구가 이러한 사정으로부터 귀결된다. (…) 이와 관련해서는 두 가지 가능성만이 존재한다. 한 가지 가능성은 복음이 모든 부분에서 그것의 최초 형태와 동일할 때, 그것이 시간과 더

---

* 여기서 이러한 종류의 요구란 앞에서 말한 "우리가 복음을 복음이 출현한 시대와 완벽하게 연결시켜야 한다는 요구"를 말한다. (옮긴이)

불어 왔다가 시간과 더불어 사라져버리고 말았다는 것이다. 또 한 가지 가능성은 복음이 역사적으로 변화하는 제 형태들 속에서 언제나 타당한 것을 포함하고 있는 것이다. 후자가 옳은 것이다. 교회의 역사는 이미 그 시작부터 '기독교'가 남아 있도록 '원시 기독교'가 소멸해야 한다는 것을 보여주고 있으며, 이후에도 그와 마찬가지로 하나의 변형태가 다른 것의 뒤를 이었던 것이다. 상투적인 정식들Formeln을 버리고, 희망을 바로잡고, 생각의 방식을 변경하는 것은 처음부터 중요했으며, 이러한 과정은 결코 중단되지 않고 있는 것이다. 그러나 우리는 그 시작을 조망하는 것과 마찬가지로 그 전 과정을 조망함으로써 본질적이고 진정으로 가치 있는 것에 대한 우리의 척도를 더욱 견고히 하게 될 것이다.*

/ 총체와 관련한 센데이의 입장의 문제점

적어도 내게는 그 역사학자에게 부과된 그 방법이 진실일 뿐 아니라 그가 연구하는 사실들의 의미를 발견할 수 있

---

* *What is Christianity?* p. 13, 14. 『기독교의 본질』 한역본 29-30쪽.

는 유일한 방법인 것 같다. 센데이 교수는 모든 교의가 상대적이라는 사실을 시인한다. 그는 다음과 같이 말했다. "모든 교의는 우선적으로는 그 교의가 형성된 시대에 따라 상대적이고 또한 우리 인간의 능력의 한계에 따라 항상 상대적이다."* 이 말은 사실상 모든 교의가 상대적이라는 견해를 공개적으로 지지한 것이다. 이는 역사학자가 전체의 기독교 운동을 추적할 때, 무엇이 일시적이고 무엇이 영원한 가치인지를 반드시 구분할 수 있도록 준비되어 있어야만 한다는 뜻으로 받아들여진다. 그러나 만약 그렇다면, 만약 그렇게 구분될 수 있다면, 다시 말해 만약 교의가 어느 정도로 상대적이고 그 상대성이 어떤 특성을 띠고 있는가에 대해 조사해야 한다면, 이 과정이 단지 교회사에만 적용되어야 하는가? 아니면 복음의 형성과정에도 적용되어야 하는 것은 아닌가? 옥스퍼드 신학자의 언어인 '총체'the sum total ── "그리스도가 오셔서 설립한 종교의 내용에 관한 신약성서 가르침의 총체" ── 는 면밀히 조사되지 않았다는 말인가? 그렇다면 총체 중 개별적 가르침particulars이 조사되지 않았단 말인가? 그래서 우리는 그 개별적 가르침 중에서 가장 중요한

---

* *An Examination, etc.* p. 28.

것과 한낱 예증적인 것을 구분할 수 있단 말인가? 또한 그럼으로써 모든 시대의 인간의 마음과 지성이 그 근거를 발견하고 지지할 수 있는 개별적 가르침과 특정 시대에 나타났다가 그 시대가 지나감과 더불어 사라지는 개별적 가르침을 구분할 수 있단 말인가?

이 질문에 대한 영국 교회의 신학자들의 태도는 어떠한가? 나는 고백하건대 비록 그들이 때때로 비평적이라는 사실과 비평의 필요성을 확실히 인지하고 있다는 사실을 보여주었음에도 불구하고, 나는 그들 대부분이 신약성서에 대해 어떤 의견을 가지고 있는지에 대해 명확히 알 수 없다. 나는 영국의 신학자들이 신약성서에 있는 많은 역사적 문제를 다루면서 그 문제들을 기꺼이 역사적으로 취급하려고 하는지 잘 모르겠다. 여기에서 현재 대표적인 영국의 신학자 샌데이 교수의 의견을 살펴보면, 나는 그가 이 문제들을 이제껏 다루어 오면서 도대체 어떠한 통찰을 제공했는지 모르겠다. 적어도 내게 있어 샌데이 교수는 기묘한 입장을 취하고 있는 것처럼 보인다. 그는 하르낙 교수의 의견에 동의하는 부분에서는 그 학자[하르낙 교수]를 비난했던 것과 같은 비난에 대해서 개방적이다. 그러나 그가 하르낙 교수의 의견에 동의하지 않는 부분에 대해서는 그 스스로 모순적인 태도를 취하고 있다.

예를 들면, 센데이 교수는 『검토』*Examination*의 시작 부분에서 한 번뿐 아니라 반복적으로 하르낙 교수가 제4복음서를 '폄하'했다고 주장한다. 또한, 하르낙 교수에게 그리스도의 위격에 대한 명확한 이론이 결핍되어 있다고 공언한다. 그가 하르낙 교수가 취하고 있는 태도에 공감하지 않는 것은 아니다. 다시 말해, 그는 공관 보고서의 기록자Synoptic writers에 관해 이야기된 것에는 반대하지 않았다. 부활에 관한 모든 주제와 이와 불가분한 관계에 있는 영원불멸성에 대한 희망을 포함한 기적의 문제를 다룰 때, 그는 호의적으로 비판한다.* 센데이 교수는 『기독교의 본질』 중 복음서를 적절하게 다루는 부분(여기서 복음서를 적절하게 다룬다는 말은 예수의 가르침을 중점적으로 취했다는 말이다)을 그 책의 최고의 부분이라고 본다. 내 생각에는 적어도 이 부분은 [『기독교의 본질』이 기독교 복음을] 훼손한다는 비난과는 잘 부합하지 않는 것 같다. 하르낙 교수는 감히 하나님의 나라에 관해 예수가 의미한 바에 대해 전체적 해석을 시도했고, 그것은 정확하게 옳다. 그는 기독교 발생의 환경의 조건을 연구했으며, 그것은

---

* *An Examination, etc*, p. 8.

적절하다. 그는 특별히 매력적인 방식으로 예수의 가르침의 방식과 방법에 대한 개요를 알린다. 지금까지 몇몇 예외가 존재하지만, 센데이 교수는 논쟁이 되어온 대부분의 문제에 대해서 하르낙 교수를 '옳은 편'으로 확정하는 일을 기꺼워한다.

우리와 같은 사람들은 이러한 동의의 표현을 환영할 수밖에 없다. 왜냐하면, 한편으로는 우리는 기독교 문헌이 역사적으로 연구되는 것을 좋아하며, 다른 한편으로는 기독교의 토대를 우화 이상의 어떤 것에서 찾고자 하고 있기 때문이다. 만약 우리가 잠깐 동안 이 '옳은 편'이 무엇인지를 고려한다면, 그리고 이 '옳은 편'을 승인한 사람이 무엇에 전념하는가를 고려한다면, 또한 우리가 통탄할 정도로 가관인 신학이 종종 과거와 현재에도 대단히 많이 나타나고 있다는 점을 생각한다면, 우리는 옥스퍼드의 한 신학 교수[센데이 교수]가 동료들의 반대에도 불구하고 그러한 종류의 의견을 승인할 수 있었다는 사실에서 정말 많은 희망을 발견할 수 있어야 한다.

왜냐하면 이 '옳은 편'의 입장은 다음과 같은 것이기 때문이다. 즉, 공관 복음서(매우 독특하지만 사료로서 완전히 쓸모없지는 않다)는 "사실 자체를 전하는 단순한 목적이 아니라" 다른 분명한 의도를 가지고 쓰였으며, 그 사실들에 두루 색깔을 입혔다. 공관 복음서에 나타난 기적적인 요소는 단순히 이제까지도 설명할 수 없는 현상을 묘사한 것이다. "기적은 일어나지 않는다."* "만약 부활이 살과 피로 이루어진 사망한 신체가 소생한 것이었다면, 우리는 이 전통을 재빨리 없애버려야 한다."** "지구의 자연법칙은 현재나 과거나 동일했고, 따라서 폭풍우가 말 한 마디에 의해 잠잠해졌다 같은 어이없는 이야기를 우리는 믿을 수 없고, 절대로 다시는 믿지 않을 것이다."*** 예수의 어린 시절을 살펴보면 "신화적인 손길이 존재한다."**** 두 복음서[마태, 누가복음서]에 포함된 서론적인 역사는 신뢰할 수 없는 것으로 무시해도 좋다. "축귀"는 결코 그리스도에게만 일어나는 일이 아니었고, 그의 시대에는 일반적인 현상이었다. 강조해서 말하자면, 우리는 이러한 의견들이 [센데이 교수와 같은] 학식 있는 교회의 고위 성직자로부터 지지를 받는다는 것에 대해 매우 기뻐할 수 있다. 하지만 이러한 의견들은 그리스도가 오셔서 확립했던 신약

---

* *What is Christianity?* p. 20.
** *Ibid*, p. 160.
*** *Ibid*, p. 28.
**** *Ibid*, p. 24.

성서 내용의 총체를 받아들여야 한다는 요구와 화해할 수 없다. 또한, 일세대 제자들로 하여금 권위자가 되게 한 그리스도와 그의 복음의 전체적인 인상에 동의해야 한다는 요구와도 양립 불가능하다. 자신의 해석을 통해 그 옥스퍼드의 비평가[센데이 교수]가 공관 복음서들이 사실 그대로를 전하지 않고, 기적은 일어나지 않으며, 공관 복음서들에 신화로 가공한 흔적과 배제된 것이 존재한다는 견해를 지지한다고 표명할 때, 그는 분명히 총체를 받아들이는 것도 아니며, [일세대 제자들에게 권위를 부여한] 그러한 인상 전체에 동의하는 것도 아니다. 그는 이러한 견해들을 가능한 한 많이 시인하든지, 논의된 사안들이 본질적이지 않다는 것에 동의하든지 이 가운데 양자택일을 해야 한다. 환언하면, 그[센데이 교수] 역시 본질적인 것이 무엇이고 우연적인 것이 무엇인지, 그리고 신뢰할 수 있는 것이 무엇이고 신뢰할 수 없는 것이 무엇인지를 구분해야만 한다. 그러나 이 과정에서 그는 교회 전 역사를 통틀어서 수백만의 기독교인들이 기독교 신조에서 본질적인 부분으로 간주한 많은 것을 포기해야만 한다. 그러나 위에서 살펴본 바와 같이 센데이 교수 본인도 이와 유사하게 구분하면서도 다른 신학자[하르낙 교수]가 [기독교 복음의 본질을] 훼손한다고 비난한다. 그것은 마치 센데이 교수가 공관 복음서의 어떤 특징을 비판적으로 탐구하면 그것은 잘 이루어진 것이고, 하르낙 교수가 탐구하면 어설프게 이루어진 것인 양 비난하는 것과 같다. 나는 후세 사람들이 이러한 견해에 동의할 것이라 믿지 않는다.

Ⅲ.
요한복음과 기독론에 관한 논쟁

/ 요한복음과 관련한 논쟁에서
  센데이의 입장이 지닌 문제점

우리 모두 솔직해지자. 센데이 교수의 주된 관심사는 비평 방법을 적용해야 한다는 것이 아니라 겉껍질과 알맹이를 구분하기 위해 비평 방법을 일관성, 용기, 결단을 가지고 적용해야 한다는 것이었다. 그는 제4복음서[요한복음서]에 대한 역사적인 물음과 그리스도의 위격에 대한 교의적 물음에 대해서 간략한 암시를 제시했었는데, 이러한 암시보다 그의 관심을 더욱 명확히 드러내는 곳은 없다. 이 두 가지의 물음 중 하나에 대한 센데이 교수의 견해가 다른 하나에 대한 그의 견해와 밀접하게 연관되어 있다는 사실은 명백하다. 따라서 우리는 두 물음 모두와[즉 역사적 물음, 교리적 물음] 관련하여 베를린 대학의 지배적인 견해가 실망스러운 것으로 간주되었다는 사실을 알 수 있다.

베를린 대학에서는 제4복음서에 대해 다음과 같이 언급되고 있다. 제4복음서는 사도 요한Apostle John으로부터 나오지도 않았고 사도 요한으로부터 나왔다고 공언하지도 않는다. 따라서 역사적 권위(이 단어가 가진 일반적인 의미에 있어서의 권위를 말한다)를 가진 것으로 받아들여질 수 없다는 것이다.

요한복음의 기자[기록자]는 독자적인 자유를 행사함으로써 사건들을 뒤바꾸어 생소한 관점으로 옮겨놓고, 대화들을 자의적으로 구성하며, 숭고한 사상을 꾸며진 상황들을 통해 설명했다. 그로 인해 그의 저작은, 참되고 또 어려우나마 인식 가능한 전승이 전무한 것은 아니라고 할지라도, 어디서고 예수에 대한 이야기를 위한 자료로서 사용되어서는 안 되는 것이다. 그것으로부터는 약간의 것들만을, 그것도 신중하게 이끌어낼 수 있을 따름이다. 그렇지만 요한복음은 복음이 예수의 인격에 대한 그 살아 있는 견해들을, 곧 그 어떤 빛과 그 어떤 온기를 발산해왔는지를 묻는 물음에 답하는 데에는 대단히 중요한 자료다.*

비평가 센데이 교수는 이와 같은 하르낙 교수의 말이 지나치게 광범위하며 부당하다고 맹렬히 비난했다. 여기에서 그 비평가가 자신만의 강한 의견을 가지거나 그 의견이 모호한 암시 이상의 무언가에 의해 지지되기를 사람들은 기대할 수 있을 것이다. 그러나 만약 위의 사례에서, 우리가 센데이 교수 자신이 가진 제4복음서의 기원과 성격에 관한 의견을 찾아내려고 시도한다면, 우리는 센데이 교수가 불확실한 목소리로 말하고 있다는 사실을 알아낼 수 있을 것이다. 이는 긍정적이면서도 조심스러워하는 많은 신학자들과 비슷한 태도이다. 나아가 그가 분명히 선언하는 그러한 모험을 감행할 때, 그가 차후에 이 의견을 수정하고 혹은 적어도 일부를 시인함으로써 자기주장의 강도를 약화시켰고, 이후에는 아마도 애매한 조건을 달아 다시 자신이 시인한 부분을 절반쯤 철회했다는 사실을 우리는 알 수 있다. 그는 "제4복음서가 다른 복음서들이 명백히 가리킨 그리스도의 역사

---

* *What is Christianity?* p. 19, 20. 『기독교의 본질』 한역본 34-35쪽.

와 인성의 특징을 발전시켜야만 했다"라고* 주장한다. 그러나 몇 마디로 설명할 수 있었지만, 그는 이 특징이 무엇인지 또는 그 이전에 우리가 어디에서 그 특징을 명확하게 볼 수 있는지에 대해서는 구체적으로 명시하지 않았다. 어떤 다른 곳에서도 그는 대담하지 못하다. 그는 "공관 복음서들 속에 잠재되어 있는 자료를 발견하고 드러내는 것에 집중해야 한다"**라고 말하는 정도에서 그친다. 명백한 징후를 보이는 특징을 발전시키는 것과 잠재되어 있는 자료를 드러내는 것 사이에는 차이가 존재한다. 특히, 현재 논의되는 문제를 보면, 진지한 역사 연구가가 해명해야 할 만큼이나 그 차이점은 확실히 중요하다. 왜냐하면 만약 제4복음서의 이러한 명백하게 다양한 기능[특징을 발전시키는 기능과 잠재된 자료를 드러내는 기능]들이 하나이며 동일하다면, 만약 명백한 것이 아마도 숨겨진 것으로 기술된다면, 신약성서 비평은 너무나 혁명적이어서 아무도 도전할 수 없는 단계로 진입해 들어갈 것이기 때문이다. 그러나 만약 제4복음서의 기능들이 하나가 아니고 동일하지도 않다면, 또한 만약 발전되어야 할 특징이

---

* *An Examination, etc*, p. 7.
** *Ibid*, p. 21.

잠재된 자료들과 구분된다면, 이렇게 구분할 수 있는 척도가 무엇이며, 그 척도가 우리가 논의한 물음과 어떤 연관을 맺고 있는가가 반드시 제시되어야 한다. 어쨌든, 우리는 예수를 우주적인 지위(제4복음서 저자는 예수를 이 위치에 놓았다)에 두고자 하는 명시적이거나 잠재적인 주장을 공관 복음서에 있는 실제 구절들에서 드러내고자 한다. 또한 우리는 예수 메시지의 전체 정신과 조화를 이루면서도 그의 제자들이 인정한 주장을 담고 있는 구절들을 드러내고자 한다. 이런 취지의 구절 중, 조금의 의심과 주저도 없이 진정 본문으로 선언되거나 [진정성] 질문으로부터 자유로울 수 있는 구절이 존재하기는 하는가? 예컨대, 비록 마태복음 11장 27절과 같은 구절이 인용될 수 있다. 하지만, 우리 중 누가 그처럼 맹목적이나 왜곡되어 있어서 이러한 구절들이 전체를 압도할 만한 구조에 비해 매우 빈약한 기초를 형성하고 있다는 사실을 지각하지 못한단 말인가? 또한 [우리 중 누가 그처럼 맹목적이거나 왜곡되어 있어서,] 적나라한 사실의 관점에서 볼 때, 제4복음서 저자가 다른 셋과 전반적인 태도에 있어서 다르다는 사실을 인지하지 못할 정도란 말인가? 나아가, [우리 중 누가 그처럼 맹목적이거나 왜곡되어 있어서,] 아마도 유대인이었을 것으로 추정되는 제4복음서 저자가 자신의 신학을 예수로부터가 아니라 그리스 세계의 신화적 종교로부터 끌어냈다는 것을 인지하지 못할 정도란 말인가? 내 생각에 센데이 교수 역시 다음의 사실을 인지했다. 이는 이러한 문서들이 무엇이며 어떤 환경에서 이 문서들이 발생했는가를 잠잠히 숙고하는 사람들에게 그러한 의심과 망설임은 존재하며, 반드시 존재할 수밖에 없다는 것이다. 그는 다음과 같이 말했다. "만약 제4복음서가 [… 역사적인 측면] 그 이상으로 발전되고 확장된다면, 혹은 그렇게 되는 한, 나는 역사적이라고 믿는 계열에 서서, 처음부터 있었던 [원초적인] 자료들에 대한 판단을 중단히는 것으로 만족해야 한다. 그러나 시간이 경과하면서 나는 이것이 원시 기독교primitive Christendom에서부터 지금까지에 이르는 중단되지 않은 전통에 의해 대체로 입증될 것이라고 믿는다."* 이는 확신이 담긴 언어가 아니다. 또한 이런 식으로 표현하는 비평가는 충분히 주의를 받아야 하고, 완전한 정직성과 일관성이 있어야 하는 견해에 대해 비난적인 욕설이 주어지는 상황에서 자신의 정당성을 거의 주장할 수 없을 것이다.

다시 말해, 제4복음서의 원저자에 관한 전통적인 의견을

---

* *An Examination, etc*, p. 21, 22.

재긍정하는 센데이 교수는 현대연구에 의해 확립된 성과에 친숙하다. 이 현대연구는 복음서 저자——그가 누구였든 간에——가 자료를 다루면서 "어느 정도의 자유"를 드러낸다는 사실을 승인하지 않는다. 하지만 센데이 교수는 이 승인을 비준하면서 복음서 저자의 판단의 자유가 종종 과장의 산물이라고 덧붙여 얘기한다. 나는 묻는다. 어떤 점에서 이와 같은 자유가 과장되었단 말인가? 센데이 교수는 "제4복음서 기록자는 사건들을 왜곡시켜 이상한 관점에서 조명했고, 기록자 자신만의 강론을 만들었으며, 위대한 사상을 상상적인 정황들을 통해 보여주었다"라는 하르낙 교수의 진술에 풍부한 증거가 있다는 사실을 부인하는가? 예컨대, 세례 요한John the Baptist의 연설에서, 또는 니고데모Nicodemus와의 대화에서, 또는 그 수많은 예수의 언설에서 유래했다고 여겨지는 의미에 있어서, 그 옥스퍼드 신학자[센데이 교수]는 잠깐 동안만이라도 복음서 기록자가 제한된 자유 그 이상의 어떤 것을 행했다는 사실을 의심해 본 적이 있는가? 또한 그가 이 자유의 목적이 명백하게 보이지는 않는다는 사실을 의심해 본 적이 있는가? 그러나 그가 만약 이 문제에 대해 의심해 본 적이 없다면 그 혹은 그 누구라도 어떻게 제4복음서가 말 그대로의 역사적 권위를 지닌다고 주장할 수 있겠는가?── 그리고 지식과 통찰을 가진 어떤 학자가 의심을 숨길 수 있겠는가? 우리는 비록 제4복음서가 몇몇 진실을 담고 있다 하더라도, 이 복음서가 하나의 기록으로서 예수의 언행을 설명하는 데 명백히 부정확하고 왜곡되어 있다는 사실을 인식하지 않을 수 없다. 하지만 이 복음서는 아마도 예수의 위격에 대해 2세대, 혹은 가능하다면 3세대 이후에 향유될 관점을 기록한 기록부로서 높은 가치를 지닐 수 있을 것이다. 또한, 종교의 본질적인 신비에 대한 심오하면서도 불멸의 서술로서 높은 가치를 지닐 수 있을 것이다. 만약 기독교 문시에 대한 조사를 통해 확실하게 드러난 무언가가 존재한다면, 그것이 공감적이든 단지 성의가 없든 간에, 어떠한 저항도 제4복음서의 지위에 영향을 끼칠 수 없다는 사실은 확실하다.

그러나 센데이 교수는 "제4복음서에 대한 최고의 진정한 반대는 초자연 일반에 대한 반대이다."[*]라고 엄중하게 경고한다. 나는 고백하건대 이 경고에 대해 어찌해야 될지 모르겠다. 여기에서 일반적으로 인정된 복음서 저자에 대한 반대와 복음서의 기독론에 대한 반대가 혼동되어 표현되었다

---

[*] *An Examination, etc*, p. 7.

는 사실은 명백하다. 이는 서로 다른 두 쟁점들을 합쳐놓은 수사학적 표현일 뿐이다. 아마 샌데이 교수의 의견은, 제4복음서에 대한 전통적인 견해를 비판하는 이는 그 누구라도 자신을 기독교인이라고 부를 권리가 없다는 점을 옥스퍼드의 신학자들Oxford tutors에게 시사하려는 의도가 있는 것으로 보인다. 샌데이 교수의 주장은 다음과 같은 점을 규정한다. 그 문서[제4복음서]에 나타난 형이상학을 수용하는 것에 대해 거리낌을 느끼는 사람은 그 자신의 인생이 영적인 요소에 대해 무감각하다는 것을 증명한다. 영적인 요소는 형이상학의 전부나 일부를 의미할 수도 있다. 하지만 적어도 내가 보기에 그 주장은 "그 문서[제4복음서]가 예수에 대한 역사적 연구에서 권위 있는 것으로 받아들여질 수 없다"라는 진술에 대한 대답이 되지는 못한다. 하지만 샌데이 교수의 주장은 위의 진술에 대한 최종적이며 결론적인 비평으로 제시되고 있다.

분명히 이는 그 비평가[하르낙 교수]에 대한 반동으로 생겨난 비평이다. 만약 [하르낙 교수의 주장처럼] 오직 제4복음서의 기록자만이 이른바 초자연적인 것에 관한 통찰을 준다면 ([그렇기 때문에] 제4복음서 저자의 증언에 대한 최고의 현실적인 반박은 초자연적인 요소에 대한 완전한 부인을 포함한다), [샌데이 교수의 입장은] 그러한 잣대는 다른 세 복음서에도 해당되어야 한다[는 것이다]. 이러한 주장은 신뢰할 만한 역사가들로서 공관 복음서 기록자들의 가치를 감소시켰는가 아니면 증가시켰는가? 내 생각에 여기에 대해서는 생각해 볼 여지가 있다. 공관 복음서 기록자들이 명백히 선입견을 가지고 있었음에도, 만약 그들이 어떤 측면에서는 훨씬 덜 긍정적이라면, 만약 그들이 기독론에 관해서 거의 모르고 있었고 거의 명확히 언급하지도 않았다면, 만약 그들의 저술이 [다른 관점에 비해] 시간적 관점에서 그들이 연관된 사건 및 그들이 묘사하는 인물에 더 가까이 있었다면, 마지막으로 만약 기록이 있는 곳이라면 어디에서든지, 한 위대한 분을 높이고 그가 과거로 사라질 때 그를 심지어 신격화하려는 일반적인 경향이 있었음을 기억한다면, 만약 우리가 우리 자신과 사실에 정직했다면, 첫 세 공관 복음서 기록자들과 제4복음서 저자를 비교해 볼 때, 우리는 예수의 메시지(예수가 실제로 준 메시지)를 추정함에 있어서 첫 세 공관 복음서 기록자들이 훨씬 더 신뢰할 만하다고 믿지 않을 수 없다. 또한 우리는 제4복음서 기록자보다 공관 복음서 기록자들이 역사적으로 진실하다고 믿지 않을 수 없다. 우리가 반드시 기억해야 할 사항은 우리가 바로 역사적인 물음만을 다루고 있다는 것이다. 또한 만약 첫 세 공관 복음서 기록자들이 제4복음서의 신뢰성에서 매우 본질적인 것으로 여겨지는 요소를 경시했다면, 진정한 역사학도인 우리 역시 이것을 경시해야만 한다.

/ 교의 및 기독론의 문제

그러나 우리는 여기에서, 우리가 들어온 것처럼 그 독일 신학이 정말 최악의 잘못을 저질렀는가의 여부에 관한 가장 중요한 질문을 지나쳐 왔다. 그 신학은 그리스도의 위격에 관한 그 어떤 교의에도 강조점을 두지 않는다. 오히려 그리스도의 위격이라는 주제에 대해 분명한 신념을 가지라는 요구는 성급하게 무시된다. 비록 사실상 그리스도의 위격에 대한 믿음은 분명 그리스도인의 특징이어야 하는데도 말이다. 우리는 첫 번째 제자들이 의심할 여지없이 기독론을 소유했다고 배웠다. 그리고 그 시대 이래로 기독교도는 항상 기독론적 토대를 가져 왔으며 기독론의 토대 없이는 기독교는 불가능하다고 배웠다.

위의 주장은 비평 운동의 결과가 [위의 주장 외의 방식으로는] 달리 반박되지 못할 때마다 교계에 의해서 종종 권장되어온 것이다. 비록 명확한 이론이 주장되어야만 한다는 것과 정확한 믿음이 고백되어야만 한다는 사실이 매우 자주 설명되지 않고 지나쳐 왔지만 말이다. 실은, 현재의 경우, 우리 모두가 알고 있듯이, 제기되어야 하는 유일하고 분명한 진술은 사실상 그 독일 신학자가 채택한 견해를 승인해야 한다는 것이다. 하지만 이 주장이 역사에 호소하는 한, 내가 보기에 그것은 잘못된 용법으로 호소하는 것이다. 역사가 실질적으로 가르쳐주는 교훈이라는 것은 그런 일이 일어나지 말았어야 한다는 것이다. 첫 번째 제자들이 기독론을 가지고 있었기 때문에 오늘날 기독론이 필수적이라고 주장하는 것은 기독론의 필연성을 잘못된 토대에 위치시키는 것이다. 이 주장은 그 어떤 현대에 형성된 이론도 반드시 본질적으로 첫 번째 제자들의 이론과 같아야 함을 시사한다. 위의 주장이 믿음의 영구적인 요소를 일시적인 것과 결합시킴으로써 재앙을 초래한다는 사실은 다음과 같은 경우를 회상할 때 명백하게 알 수 있을 것이다. 첫 번째 제자들이 예수에 대해 가졌던 이론의 본질적인 부분이(이는 첫 번째 제자들이 승인한 모든 곳에서 가졌던 믿음이기도 하다) 아주 가까운 시기에 예수가 영광중에 구름을 타고 돌아와서 이 땅 위에 하나님 나라를 세운다는 것이었다는 사실 말이다. 만약 첫 번째 제자들에게 확고하게 주창된 그리스도 위격에 대한 교의가 있었다면, 그것은 바로 이것이었다. 사도 바울은 그의 선교사 경력 대부분 기간 동안 다른 교의들과 더불어 [그리스도의 위격에 관한 교의]를 주장하고 표현했었다. 다만, 이 교의를 제외한 다른 교의들은 시간이 지남에 따라 오류가 있다고 판명되었거나 거의 포기되었다. 여기서 우리가 보기에 그 독일 신학자[하르낙 교수]는 기독교를 정의하기 위해 첫 번째 기독교인들에게로 가야 한다고 진심으로 공언하지 않는다. 왜냐하면 그리스도의 위격이 복음의 근본적인 실체라는 공식적인 이론a correct theory을 받아들이기를 그는 거부했기 때문이다. 이 공식적인 이론은 우리가 알다시피 바울 신학에게로 상당히 흘러들어갔다. 그러나 하르낙 교수의 비평가 그 자신[센데이 교수] 역시 첫 번째 제자들의 관점과 같다고 진심으로 호소할 수 있는가? 첫 번째 제자들의 증언이 역사적 목격자와 상충될 때, 그리고 센데이 교수 자신이 형성하고자 하는 신앙과 상충될 때, 센데이 교수 그 자신 또한 그리스도의 재림에 관한 첫 번째 제자들의 만장일치 증거를 기각하지 않겠는가? 나는 다음의 사실만을 논평하고자 한다. 하르낙 교수와 그의 반대자[센데이 교수] 모두 그들이 이를 좋아했든 그렇지 않았든 간에 기독론에 관해 비평적인 태도를 취할 수밖에 없었다. 다만 이때 양자의 차이점은 용기와 일관성이다.

/ 교의와 관련한 논쟁에서 센데이 및
  신학자들의 일관성과 용기 부족 및 절충적 태도

기독교 문헌 연구로부터 다음과 같은 사실이 가장 명백하게 드러난다. 이는 우리가 원시 기독교로 되돌아가면 갈수록 당시 기독교적 삶의 생생한 체험을 구성하는 부분이 더욱 커진다는 것이다. 이 체험이 하나의 교의로 표현되려고 했다는 것과 그 교의는—히브리적이든지 그리스적이든—그 시대사상을 반영해야 했다는 것은 필수불가결 했다. 그러나 우리가 예수 자신이 선포한 본래의 복음에 도달할 때, 그러한 교의는 그 복음의 어떤 부분과도 무관한 것으로 밝혀진다. 여기서 예수가 내적 소명의 신비한 감각과 고도의 사명감을 가지고 있었고, 또한 그가 하나님을 아버지로 표현할 정도로 하나님과 특별한 관계를 맺고 있다는 독특한 의식을 소유하고 있었다는 것을 우리는 인식할 수 있으며, 아니 인식해야만 한다. 우리는 처음에는 한 명으로부터 시작했으나 그 후 점진적으로 인근에 있던 그의 직제자 모두가 예수를 약속된 메시아Messiah라고 주장하였고 그렇게 환영했다는 사실을 아마 시인할 것이다. 그러나 예수는 대부분의 약속에 대한 기존 해석들이 무시했던 형식으로 약속을 실현했다. 그리고 그와 동시대를 살았던 대다수의 사람들은 그를 조롱하고 오해했다. 그가 세상에 전한 메시지 — 구원과 하나님 나라 시민권의 메시지 — 는 그 존재(예수는 그 존재가 일반적인 부성을 가지고 있다 선포했다)와의 특별한 관계에 관한 어떠한 교리와도 연관되지 않았다. 그가 한 인간으로 칭찬했던 개인들 예컨대, 성전의 세리, 두 렙돈을 헌금했던 과부, 십자가 위의 강도 등은 기독론에 관해서는 전혀 알지 못했다. 하르낙 교수가 다음과 같이 말하듯 말이다.

    예수는 자신의 계명을 지키는 것 가운데 포함되어 있는 그러한 것 외에는 자기 자신에 대한 그 어떤 다른 믿음도 그 어떤 다른 연관도 원치 않았다. 예수의 인격이 여러 차례 그 복음서의 내용을 넘어서 있는 것처럼 보이는 제4복음서에 있어서조차, 그러한 생각은 다음과 같이 여전히 날카롭게 표현되어 있는 것이다. "너희가 나를 사랑하면 나의 계명을 지키리라." 예수는 이미 그의 공생애 동안에, 몇몇 사람들이 그를 존경하고 더 나아가 신뢰했지만, 그의 설교 내용에는 마음을 쓰지 않는다는 것을 몸소 경험해야만 했다. 그들에게 예수는 질책의 말씀을 소리쳐 알렸다.

"나더러 주여, 주여 하는 자마다 다 천국에 들어갈 것이 아니요, 다만 하늘에 계신 내 아버지의 뜻대로 행하는 자라야 천국에 들어가리라." 따라서 그의 복음과 하나의 '교설'을 예수의 인격과 위엄에 부여하려는 것은 완전히 그의 시야를 벗어난 것이었다. 둘째로, 하늘과 땅의 주를 예수는 자신의 하나님이요 아버지로, 크신 이요 유일하게 선하신 이라고 일컬었다. 그는 그가 가진 모든 것과 그가 이행해야 하는 모든 것을 이 아버지께로부터 받았다는 것을 확신하고 있었다. 예수는 그에게 기도하고, 그의 뜻에 복종한다. 절박하게 씨름하면서 예수는 그의 뜻을 헤아려 그것을 이루고자 했다. 목적, 능력, 통찰, 성공, **고된 의무** — 이 모든 것들이 아버지께로부터 그에게 오는 것이었다. 복음에 그와 같이 기록되어 있으며, 그것은 아주 명백한 사실이다. 느끼고, 기도하고, 행동하고, 씨름하고, 고통당하는 나는 그의 하나님 앞에서 다른 인간과 연합하는 한 인간인 것이다.*

---

* *What is Christianity?* p. 125, 126. 『기독교의 본질』 한역본 122쪽.

그리고 다시:

하나님의 아들이라는 그의 의식은 그러므로 아버지 곧 자신의 아버지이신 하나님에 대한 지식의 실질적인 결과 이외의 것이 아니다. 올바로 이해했을 때 하나님에 대한 지식은 아들의 이름이 지니고 있는 함의의 전체이다. 그러나 특별히 중요한 한 가지 사실이 덧붙여져야만 한다. 예수는 자기 이전의 어느 누구와도 같지 않은 방식으로 하나님을 알고 있다고 확신하고 있으며, 말씀과 행적을 통하여 다른 모든 이들에게 하나님에 대한 이 지식을—그와 아울러 하나님의 자녀됨을—전해야 할 사명을 지니고 있음을 알고 있는 것이다. 이러한 의식 속에서 그는 자기 자신이 부름 받은, 하나님이 정한 아들이라는 것을, 곧 하나님의 아들der Sohn Gottes이라는 것을 알고 있으며, 그로 인해 나의 하나님, 내 아버지라고 말할 수 있으며, 아울러 이 간청 속에 자신에게만 귀속되어 있는 그 무언가를 담아 넣고 있는 것이다. 그가 자신의 아들 자격의 유일무이함에 대한 이 의식에 어떻게 도달했는지, 어떻게 그가 그의 능력에 대한 의식에 이르렀고 또 이 능력 안에 놓여 있는 의무와 책임에 대한 의식에 이르렀는지, 그것은 그의 비밀이며 어떠한 심리학도 그것을 알아내지 못할 것이다.*

한 번 더:

예수의 생각 속에서 그의 모든 설교는 단지 잠정적인 어떤 것이며, 그 안에 담긴 모든 것들은 그의 죽음과 부활 이후 다르게 이해되어야만 한다는, 더 나아가 어떤 것들은 말하자면 무효한 것으로 제거되어야만 한다는 것은 전혀 가망이 없는 가정이다. 아니—예수의 이 선포는 교회가 인정하고자 했던 것보다 더 단순하며, 더 난순하기에 더 보편적이고 더 진지한 것이다. 나는 '기독론'을 납득할 수 없으며, 때문에 이 설교는 나를 위한 것이 아니라는 식의 핑계로 그것으로부터 달아날 수 없다. (…) **아들이 아니라, 오직 아버지만이 예수가 선포한 바와 같은 그 복음 안에 속해 있다**는 말은 결코 역설이 아니며 '합리주의'도 역시 아니고, 복음 속에 제시되어 있는 바와 같은 사실 내용의 단순한 표현인 것이다.**

---

* *Ibid*, p. 128. 『기독교의 본질』 한역본 123-124쪽.
** *Ibid*, p. 143. 『기독교의 본질』 한역본 135-136쪽.

정말 그 누구도 부인하지 않은 다음과 같은 사실이 존재한다. 신학자들은 마음속에 그리스도에 대한 몇몇 명제가 필수불가결하게 형성되어야만 한다고 주장한다. 그러나 대개 이 명제들이 특정 형태를 취할 때만 기독교가 예수를 통해 전파된다고 일컬어질 수 있다고 주장하는 방향으로 그들은 나아간다. 내 생각에 이 주장이 의미하는 바는 다음과 같다. 신학자들은 오직 가톨릭 교회에 의해 요구된 그러한 형태를 취할 때에만 기독교가 기독교라고 일컬어질 수 있다는 것이다. 이러한 이유로, 무엇보다도, 그들은 가톨릭 교회the Church와 교의the Doctrine의 중요성을 지나치게 강조한다. 이러한 이유로, 그들은 기독론 교의의 모든 변화 가운데서도 교회 전체가 올바로 인도되어 왔다고 자신한다. 그러나 만약 모든 기독론 교의가 그것이 형성된 시대와 연관된다는 것이 일반적으로 인정된다면, 또한 첫 번째 제자들의 기독론 교의가 그들의 시대 및 당시 만연했던 사조와 연관된다면, 그 교의의 생존은 후대 사상에 대한 적응력에 달려 있음이 틀림없다. 분명히 센데이 교수와 다른 신학자들도 기독론 교의가 이미 시대적 사조에 맞게 변화해왔다는 사실을 수긍할 것이다. 센데이 교수는 ─ 삼위일체 교의를 이야기할 때처럼 ─ 현재 주어질 수 있는 기독론 교의에 대한 그 어떤 엄격한 정의에 관해서 "그 정의가 올바르게 경계 지워지기보다는 날카롭게 경계 지워진 것처럼 보인다"라고 이야기할 준비가 되어 있을 것이다. 그는 그 자신이 기독론 교의를 어떻게 정의할지에 관해서는 여기에서 말하지 않았다. 비록 다른 곳에서 그가 다양한 정신의 태도에 대응하여 그 문제를 다루는 서로 다른, 하지만 공인된 네 가지 방법에 대해 설명하고 있지만 말이다. 센데이 교수에 따르면, 혹자는 통일된 교회의 교의를 권위 있는 것으로 받아들일 수 있다. 혹은 복음서에서 추출된 그림의 단순함을 선호할 수도 있다. 또 다른 사람은 잇따르는 시대의 형이상학적 관념을 마음에 간직할 수도 있다. 마지막으로 또 다른 누군가는 개인적이며 즉각적인 체험에 의지함으로써 비판의 필연성과 당혹감을 회피할 수도 있다. 만약 우리가 이 상이한 태도들 중 그 옥스퍼드의 비평가[센데이 교수]가 취하는 태도가 무엇이냐고 묻는다면, 그가 위의 모든 태도를 전부 취하고 있다는 놀라운 대답을 듣게 될 것이다. 센데이 교수에 따르면 이 서로 다른 태도들은 "결합되어야 하는 것을 여기저기 흩트려 놓은 것"처럼 보인다. 비록 그 태도들이 모두 상호배타적이지는 않다 하더라도, 적어도 확고하게 주장하기에는 논리적으로 양립불가능하다는 잠재적인 사실에도 불구하고 말이다. 혹자는 자신의 느낌에 궁극적으로 의지할 수는 없기에 외적 권위를 판단기준으로 받아들이거나 복음서를 안내서로 보거나 같은 맥락에서 니케아 공의회를 길잡이로 삼는다. 서로 상충되는 사상과 감정을 혼합하려는 시도에도 불구하고, 그 혼합물의 요소들[사고와 감정]은 너무나 명백하게 분리되어 있고, 용해되지도 않는다. 이렇게 보면 [차라리] 비평의 당혹감을 회피하고자 그 자신의 체험 속에서 안식을 찾고자 하는 기독교인이 아마도 가장 현명할 것이다. 그 어느 경우라도, 어떤 문제를 다루기 위해 위의 네 가지 방법을 결합하려는 노력은, 그것이 명백히 성공적이지 않다면, 이런 노력을 하는 누군가에게 특정한 수준의 융통성(이는 동요나 망설임이 아니다)을 보인다.

나는 현재 센데이 교수의 비평에서도 동일한 정신적 특성을 발견한다. 센데이 교수는 『기독교의 본질』의 저자가 그리스도의 위격에 관한 교의를 생략하기를 원한다고 꾸짖는다. 그럼에도 그는 그 책에서 사용된 언어가 실제로는 그 교의를 가정한다는 점을 보여주려고 공을 들였다. 그 이후 하르낙 교수가 복음서의 인격적 힘이 복음서의 중심이라고 강조함으로써 모든 기독론의 진정한 목적을 간파하고 있다고 그는 말한다. 그 베를린 신학자는 다음과 같이 말한다. "예수 안에서 신성은 지상에서 나타날 수 있는 것 중 가장 순수한 형태로 나타났다." 그리고 "예수는 단지 사실로서만 복음과 연결되어 있는 것은 아니다. **그는 복음의 인격적 실현이자 힘이었고, 여전히 그렇게 느껴진다.**" "불은 오직 불에 의해서만 불붙으며, 인격적 삶은 오직 인격적 삶의 힘에 의해서만 불붙는다."* 그의 논평자들에 따르면, 이 언어는 "가장 심오하며 가장 확실한 진리를 표현한다." 그러나 만약 센데이 교수의 주장처럼, 그리스도의 위격에 관한 모든 이론의 목적이 복음의 중심에 있는 인격적 힘을 확실시하는 것이라면, 그런 관점에서라면, 하르낙 교수의 기독교 개념은 기독론을 인정할 뿐 아니라 기독론에 가장 핵심적이며 본질적인 형태를 부여한다. 근본관념이 결핍되었다고 불평한 후 탁월한 식별력을 발휘하여 그것을 발견해 내는 비평가가 있다면, 그는 사실상 독창적인 비평가라고 할 수 있으며 파괴적인 비평가라고 비난 받지는 않을 것이다.

---

* *What is Christianity?* p. 145.

/ 샌데이의 논평:
교회주의적 산물, 진리와 형태의 혼동

샌데이 교수의 나머지 논평들을 살펴보면, 그 논평들이 역사적 통찰이라기보다는 교회주의적인 전제의 산물(무의식적인 의혹조차 없는 완벽하게 진실된 것이다)이라는 사실을 알 수 있다. 이는, 내가 진술한 바와 같이, 치우친 판단으로는 도달할 수 없는 결론이다. 여기에서 내가 영지주의 운동Gnostic movements, 사도신경the Creed, 신약성서 정경the Canon of the New Testament 및 주교제도the institution of episcopacy의 설립 연대에 관한 샌데이 교수와 하르낙 교수의 견해차를 암시하려는 것은 아니다. 위의 주제들은 2세기의 기독교 신앙의 보급과 직접적으로 관련된 것이다. 이에 대한 관심은 부분적으로는 이 주제들이 가지는 중요성으로부터, 또한 부분적으로는 그 주제들을 괴롭히는 어려움으로부터 생겨났다. 그러나 이 모든 것들이 논의될 때, 위의 주제들은 분명 종교 그 자체의 본질과 핵심보다는 제도로서의 교의들, 법령들 그리고 교회의 통치와 더욱 관련이 있다. 하르낙 교수는 위의 주제들에 대해서 관심을 기울인다. 이는 하르낙 신학 전체가 가진 특성이다. 그러나 하르낙 신학이 교회, 교의, 가톨릭 예배에 대한 경멸(사람들은 그 독일 신학자가 기독교를 설명할 때 이것들을 포함시켰다고 주장한다)에 최종적으로 저항한다는 특징을 가지는 것은 아니다. 하지만 다른 곳에서처럼 여기에서도 [하르낙에 대한 사람들의] 반대는 이상하게도 [하르낙 신학이 교회, 교의, 가톨릭 예배를 경멸한다는] 관점을 암시하고 있다. 센데이 교수는 하르낙 교수가 언급한 교회의 과오와 결점을 부인하지 않는다. 하르낙 교수가 호소하려 했던 것처럼, 그 역시 이러한 과오와 결점이 고쳐져야 한다고 호소한다. 그러나 그의 일은 [교회의 과오와 결점을] 공개적으로 밝히기보다는 [고쳐지기를] 권고하는 것이다. 두 사람 모두 교의들이 필연적으로 역사와 관련되며 시대에 상대적이라는 사실을 시인하지만, 내가 보기에 적어도 센데이 교수는 이러한 변천하는 형태와 모든 시대에 적용되는 영원한 진리를 혼동하는 경향성을 무심코 드러내는 것처럼 보인다.

Ⅳ.
스트롱과의 논쟁

/ 스트롱, 만족스럽지 못한 유형의 또 다른 비평가

일반적으로 널리 알려진 것처럼, 내가 이제껏 다루어온 비평은 한 탁월한 교수[샌데이 교수]의 입장을 대변할 뿐 아니라 이미 잘 알려진 옥스퍼드 신학 학파 전체의 견해를 대변한다. 이미 언급했던 것처럼, 이 견해는 영국 교회 주류파의 견해이거나 또는 주류파에 속해 있긴 하지만 기독교 신앙을 유지하고 실행하는 것으로는 만족하지 않고 그[기독교 신앙] 토대를 조사하고자 하는 구성원들의 견해이다. 이제 나는 또 다른 비평에 대해 간략히 고찰해보고자 한다. 그곳에서도 하르낙 교수의 책에 대해서는 영국 교회와 동일한 입장을 취한다. 하지만 그 이유는 상이하며, 내 생각에는 심지어 [영국 교회보다] 훨씬 만족스럽지 못한 유형이다.

/ 스트롱의 입장에 대한 비평적 검토

그 비평은 최근에 그리스도 교회의 주임 사제Dean of Christ Church가 발행한 소고의 끝맺음 부분에서 제기된다.* 그 소고는 [하르낙 신학의] 시의성the present connexion[하르낙 신학이 이 책의 저자가 글을 쓰고 있는 당시의 상황과 맺는 연관성을 의미함]에 대해 관심을 보이고 있다. 왜냐하면 그 소고는, 특정 상황에서, 학습과 연구의 결과[즉, 하르낙 신학의 성과]가 옥스퍼드에서 높은 지위를 가진 이들에게는 물론 대다수의 성직자들에게 거의 영향을 미칠 수 없다는 사실을 제시하려는 것처럼 보이기 때문이다. 사제들 중 일부는 내가 앞서 언급했던 식으로 (즉, 학습과 연구의 결과와 그것을 파괴한 바로 그 관념들을 뒤섞음으로써 그 결과를 극복하려고 시도하면서) 시행하려고 노력한다. 그러나 그 주임 사제는 더욱 대담한 방식을 취한다. 그는 그러한 결

---

* *Historical Christianity The Religion of Human Life* by Thomas B. Strong D. D.

합을 시도하지 않고 단순히 그 결과들을 무시함으로써 불편한 사변들을 극복한다. 그는 복음서들의 기원에 관한 이론의 "끝없는 미궁"(그는 이렇게 말했다)에 들어가기를 거부한다. 또한 그는 이 복음서들이 2세기에 속하는가 1세기에 속하는가와 같은 질문을 고려하려 하지 않는다. 정말로, 그는 복음서들의 저작시기가 좀 더 이른 시기로 놓일 수 있다면, 그가 펼친 주장이 설득력과 중요성을 얻게 될 것이라고 주장한다. 또한 내 생각에 이 가정은 다소 경솔하지만, 그는 최근 조사 결과에 의거하여, 그리스도의 첫 번째 추종자들이 살아있을 때 대부분의 신약성서의 책들이 쓰였다고 주장할 수 있는 합당한 근거가 존재한다고 가정한다. 그러나 그는 복음서의 기원에 관한 질문을 제기하지는 않는다. 그는 자의적으로 복음서의 기원에 관한 질문이 상대적으로 중요하지 않다고 생각한다. 그는 그가 공언한 것처럼 정반대의 출발점을 가진다. 그는 다음과 같이 주장한다. 만약 우리가 복음서를 "복음서가 있는 그대로" 솔직하게 수용함으로써 기독교에 대한 논의에 접근해 들어간다면, 역사적이라기보다는 문학적인 것에 복음서의 기원에 관한 이론의 주안점을 두게 될 것이다. 자신의 주장을 뒷받침하기 위해서(분명 이러한 주장을 제기하기에는 근거가 부족해 보인다), 그는 복음서들이 전체로서 작용했다는 것을 상기시킨다. 또한, 복음서들이 초기 교회의 견지에서 볼 때 어떠한 관점을 구현했기 때문에 다양한 저작 가운데서 선택되었다는 점을 우리로 하여금 기억하게 한다. 복음서가 단편으로부터 지금 현재의 모습대로 구성되었을 것이라는 사실을 인정하자고 그는 말한다.* 그리스도에 관한 일관된 관점이 출현한다면, 그것이 어떻게 생겨났는지는 중요하지 않다. 따라서 그렇게 획득된 견해는 역사적으로는 진실하다. 왜냐하면, "단편조각들의 모음 가운데에서 일관된 관념을 가질 가능성은 정말로 매우 희박하기 때문이다."**

위의 내용이 스트롱 박사Dr. Strong가 주장하는 첫 번째 논지이다. 만약 우리가 이 명백하고도 일관적인 견해가 무엇이냐고 묻는다면, 그는 바로 그리스도가 진정한 의미에서 하나님이며, 또는 적어도 하나님과 영원히 공존하는 동격이라는 견해, 그가 일련의 역사적 사건들을 통해서 그러한 존재임을 보여주었다는 견해라고 대답할 것이다. 그의 두 번째 논지는 바로 기독교는 관념이 아니라 사실에 의거했다는

---

* 이 주교는 복음서가 단편으로부터 유래했다는 것을 부인하지는 않고 그 가능성을 열어두지만 복음서의 현재의 형태를 강조한다. (옮긴이)
** *Ibid*, p. 6.

생각이다. 다시 말해서, 기독교는 복음서들과 연관된 사실 그리고 신약성서의 다른 책들이 증언하는 사실들에 기초한다는 생각이다. 한 마디로 말하면, 니케아 신조the Nicene Creed에서 완전하게 표현된 기독교는, 인간의 종교적 필요를 충족시켜줄 수 있는 유일한 신앙이다. 이 주장에 관해서 어떤 것이 이야기되든지 간에 다음 한 가지는 분명하다. 만약 그 첫 번째 논지를 유지할 수 없다면, 그 두 번째 논지 역시 변호할 수 없다는 것이다.

어떤 저자가 기독교를 역사적 현상으로 다루자고 제안하면서 독자들의 이성과 지성에 호소할 때, 만약 그가 최소한 역사가로서의 기초적인 자질을 드러내지 않는다면, 〔그 견해로〕 사람들에게 확신을 주는 것은 거의 불가능할 것이다. 여기서 내가 말하는 역사가의 기초적인 자질이란 솔직함, 공명정대함, 그 시대의 일반적 정황에 대한 지식, 증거의 가치에 대한 올바른 평가 등이다. 만약 그가 자신의 주제를 다룰 때 비평의 일반적인 규칙을 유보한다면, 그가 성공할 가망성은 거의 없다. 그러나 스트롱 박사Dr. Strong가 기독교의 발생과 성장에 적용시킨 역사관과 역사연구의 이해를 우리가 조사할 때, 우리는 그 어떤 다른 관련성을 찾으려고 생각조차 하지 않는 그의 요구와 우리의 태도가 정면으로 충돌한다는 사실을 알게 될 것이다. 그는 325년 니케아 공의회the Council of Nicaea에서 특정 목적을 위해 형성된 일련의 고도로 기술적인 진술이 그보다 약 3세기 이전 예루살렘에서 발생했던 사건들에 대한 정확한 설명이며, 이를 믿으라고 우리에게 강요한다. 그는 니케아 신조의 진술들이 사람들이 복음서라고 총칭해서 부르는 네 가지 문서들에 담겨있는 예수와 그의 사역 이야기와 실질적으로 엄격하게 일치한다고 설명하며, 이를 믿으라고 강요한다. 다만, 복음서가 불확실한 연대, 의심스러운 저자, 구성적 특성, 그리고 무비평적 시대에 특정 목적을 위해 [전승들을] 함께 모아놓은 흔적을 지니고 있다는 사실은 시인한다. 또한 그는 최근의 공통된 합의에 의해서, 공관 복음서의 고립된 구절들로부터 간신히 왜곡될 수 있었고 제4복음서에서 신비로운 언어로 표현된 견해가 명확하고 일관될 뿐 아니라 [역사적 맥락에서도] 사실이라는 견해를 주장하며, 이를 믿으라고 강요한다. 뿐만 아니라 그는 위의 견해가 이런 의미에서뿐만 아니라 다른 모든 진리보다 우월하다고 주장하며, 이를 믿으라고 강요한다. 그는 우리가 들은 바와 같이 복음서에 수록된 사건들이 발생한 지 오래된 이후에서야 복음서들이 선택되었기 때문에(무엇보다, 매우 다른 견해를 포함한 수많은 문서들 중에서 특정한 목적을 위하여 선택되었다), 복음서들에 있는 견해만이 정확하다고 주장하며, 이를 믿으라고 강요한다. 마지막으로, 그는 이렇게 출현한 기독교라는 개념이 역사적이며, 따라서 기독교가 사실에 의거한다고 주장하며, 이를 믿으라고 강요한다.

그 그리스도 교회의 주임사제the Dean of Christ Church는 제4복음서 중 공관 복음서에서 특정한 견해(학식 있는 성당참사회 회원 중 한 명이 어느 순간에는 나타날 조짐을 보이다가 다른 순간에는 나타나지 않는다고 말하며, 그렇기 때문에 그 참사회원 자신조차도 공관 복음서들로부터 추론할 수는 없다고 인정한 견해)가 명백하고 일관되게 나타난다는 생각을 채택하려 한다. 만약 그가 원한다면 그렇게 할 수는 있을 것이다. 나는 이 의견에 동의하지 않는다. 그리고 이 의견에 동의하지 않는 것은 나 혼자만이 아니다. 스트롱 박사는 자신의 주장을 펼치기 위해 복음서의 기원과 역사적 가치에 대한 탐구의 성과들을 옆으로 제쳐둔다. 그런데 그런 일은 적어도 내게는 그 가치[즉, 복음서의 기원과 역사적 가치]를 훼손하는 것처럼 보인다. 또한 나는 그 어떤 학습과 연구의 성과도 스트롱 박사의 가정을 뒷받침할 수 없다는 사실을 알게 되었다. 그는 복음서들의 저작시기가 예수의 첫 번째 추종자들이 실존했던 시기까지 거슬러 올라갈 수 있다고 가정했었다. 그러나 우리가 복음서들의 저작시기를 고정할 수 있다고 하더라도, 그 당시의 정황을 명백하고 일관적으로 설명할 수 있는 견해란 존재하지 않을 것이다. 다시 말하면, 스트롱 박사는 수많은 인용을 통해서 영속적인 진리로서의 기독교의 이해가 신약성서 전권으로부터 증명된다는 것을 보여주려고 시도했다. 하지만 앞에서 내가 제시했던 사항들을 고려해 볼 때, 그의 견해를 추종해서는 그 어떤 좋은 목적도 달성해낼 수 없다고 생각한다. 나는 다만 여기에서 하르낙 교수에 대한 스트롱 박사의 비평에만 관심을 가질 뿐이다. 그리고 하르낙 교수에 대한 그의 비평이 무엇인가를 보여주기 위해 그의 주장의 일반적인 본선을 다루는 데만 관심을 가질 뿐이다.

그러나 비평에 관한 문제로 넘어가기 전에, 나는 기독교가 기반을 두고 있는 그 모든 사실들 중 확실히 가장 중요한 교리인 부활론the doctrine of Resurrection에 대해서 스트롱 박사Dr. Strong가 한 말을 살펴보고자 한다. 좀 더 명확히 말하면, 부활론 중 그가 누락시킨 것에 관해서 주의를 기울이고자 한다. 그는 정말로 부활론을 그런 식으로 기술한다. 스트롱 박사는 부활의 영적인 의미가 무엇이든지 간에, 그것은 특정 시간과 장소에서 일어났던 사건이자 역사적 사실이며, 신뢰할 수 있는 목격자들로부터 충분하게 입증되었다고 주장한다. 그리고 그는 이를 믿을 것인지 말 것인지에 대해서는 우리의 판단에 맡겨둔다. 이러한 의미에서 보면, 부활은 그냥 기적일 뿐 아니라 기적 중에서도 최고의 기적이다. 그러나 그는 [부활과 같은] 그러한 기적적인 사건들의 가능성에 대해서는 논의하지 않겠다고 분명히 언급한다. 그러한 사건들은 의도적으로 생략되어 온 흥미로운 주제를 만들어 낸다.

이것은 [즉, 부활과 같은 기적적인 사건은] 형이상학적이기 때문에 계속 누락되어 왔다. 그리고 우리는 하나의 역사적 질문을 설명하려고 노력하고 있다. 우리는 복음서 본문 자체가 차후의 교회사에 포함된 일관된 그리스도 관념을 발생시키는지의 여부를 보고자 한다. 그리고 복음서의 기원에 대한 문학적인 탐구가 무시되었던 것처럼, 자연법칙의 의미와 한계(만약 이런 것이 존재한다면)에 대한 형이상학 질문에 대한 논의 역시 아마 똑같이 무시될 것이다.*

고백하건대 이것은 놀라운 선언이다. 위에서 사용된 언어가 다른 특별한 의미를 지니지 않는다면, 이 선언은 스트

---

* *Ibid*, p. 46, 47.

롱 박사가 펼치기 위해 노력하고 있는 주장을 파괴한다. 왜냐하면 만약 기독교의 근간을 이루고 있는 사실들이 역사적이라면, 만약 특정한 사건들, 특히 성육신Incarnation과 부활Resurrection이 역사의 영역에서 일어났고 그 사건들이 유일무이한 의미를 지니고 있다면, 그 사건들은 바로 기적이기 때문이다. 만약 그 사건들이 기적이라면, 그 사건들은 역사적 측면에서 물리적 질서에 부합해야 하고, 따라서 그런 면에서 형이상학과 무관해야 한다. 매우 놀랍게도, 그는 그의 책 중 "그리스도와 사복음서"Christ and the Four Gospels라는 장에서 이에 대해 완벽히 침묵하고 있다. 그는 그 장에서 이처럼 근거 없이 가정된 역사적 사실에 대한 다양한 설명들을 건너뛴다. 몇 번이고 되풀이하여 그는 이것을 기독교의 진실성에 대한 더할 나위 없는 증거로서 언급한다. 하지만 그는 그 증거를 결코 검토하지 않는다. 확실히 이는 복음서 본문 자체의 일부이며, 문제가 되고 있는 그 견해에서 볼 때, 가장 중요하고 본질적인 부분이다. 물론 이 견해에 비추어 위의 증거에 대해 논의하는 것은 모든 역사학자를 분명 미로에 빠뜨릴 것이다. 그러나 이는 종교가 궁극적으로는 외부적 사실에 기반을 두고 있다고 믿는 이가 회피해야 하는 위험은 아니다.

스트롱의 하르낙 비평과 손더스의 반박

그렇다면 하르낙 교수의 기독교 이해에 대한 구체적인 반대의견들은 무엇인가? 스트롱 박사는 『기독교의 본질』을 언급하며, 그 책의 영문판의 여섯 구절 정도를 인용한다. 스트롱 박사는 그 책이 영국 보통 사람들의 일반적인 의견을 나타낸다고 공언한다. 이러한 찬사는 내 경험상 하르낙 교수가 받아야 할 찬사 그 이상이다. 또한 이는 내가 하르낙 교수가 옥스퍼드 하우스의 수장으로부터 받을 것이라고 기대한 것 그 이상이기도 하다. 왜냐하면 하르낙 교수의 설명에 따르면 복음이라는 것은 신선한 안목을 가진 사람이라면, 그 당시의 외부적 편견으로부터 쉽게 구분할 수 있을 만큼 단순한 어떤 것이기 때문이다. 하르낙 교수는 "위태롭게도 주관적인 방법"을 도입하고 있다고 일컬어지기도 한다. 하르낙 교수는 예수의 가르침을 세 가지 주제로 제시될 수 있는 하나의 확신으로 설명했다. 하지만 세 주제 각각은 단일한 측면에서 그 전체를 포함한다. [스트롱 박사는] 예수의 가르침에 대한 이러한 하르낙 교수의 설명이 역시나 매우 위험하다고 이야기한다. 왜냐하면 그 설명은 복음에 대한 신비주의적이고 개인주의적인 이해이기 때문이다. 또한, 통상적인 견해에 따르면, 이러한 이해는 처음부터 교회의 가르침과 반대되기 때문이다.* 게다가 스트롱 박사에 의하면, 그 확신 — 하나님의 아버지 되심, 하나님 나라, 그리고 더 높은 의라는 확신 — 은 이미 세상에 존재했었다. 그리고 우리가 그리스도를 유효한 증거와 확신을 주는 이로 여기지 않는다면, 이러한 기독교 이해는 "자연 종교Natural Religion로의 회귀이며, 사람들이 강하게 열망하였으나 실패했던, 그리스도가 오기 전의 지점으로 인류를 다시 밀어 넣는 것이다."** 마지막으로, 이러한 전체적인 [기독교] 이해는 규탄 받는다. 왜냐하면 오직 신약성서를 길기갈기 찢어버리고, 기독교 역사 전체가 일련의 오류였다고 가정할 때에만 이러한 [기독교] 이해가 가능해지기 때문이다.

내 생각을 감히 말하면, 이러한 반대 의견들을 면밀하게 검토하는 것은 불필요하다. 위의 반대 의견들은 하르낙 교수가 우리에게 제시하는 기독교 종교의 발생, 성장, 다양한 발전에 대한 특이하게 풍성하고 명백한 설명을 왜곡한다. 그리고 위의 반대 의견들은 항상 기독교의 기저를 이루

---

* *Historical Christianity, etc*, p. 94.
** *Ibid*, p. 96.

었던 실재를 왜곡한다. 또한 위의 의견들은 기독교의 힘과 영원성의 참된 원천을 왜곡한다. 나아가 이 의견들은 기독교가 인간 삶의 요구에 부합하는 방식을 왜곡한다. 만약 복음이 간결한 것이 아니라면, 만약 복음이 신선한 안목을 가진 누군가에 의해서 구별될 수 없다면, 만약 복음이 기술적인 언어와 신학적인 신조와 자연과 초자연적 현상들, 과학과 역사, 이 우주 내에 우리가 차지하고 있는 공간인 지구에 대해 낡고 신빙성을 잃는 관념들의 도움 없이는 이야기될 수 없다면, 복음은 살아남을 수 없을 것이다. 아니 그뿐만 아니라, 복음은 이미 소멸되어 사라져버렸을 것이다. 참으로, 그리스도가 가르쳤던 것은 새로운 것이 아니다. 새로운 것은 그가 가르쳤던 방식이었다. [그리스도가 가르쳤던 새로운 방식이란] 오래된 진리를 변형시켰으며 그 진리에 그것들이 결코 이전에는 소유하지 못했던 의미를 부여했던 그 인격적 힘the personal force[을 말한다.] 또한 그로 하여금 새로운 공동체의 생명이 되게 했으며, 그 생명으로 남아있게 한 그 힘[을 뜻한다]. 그것이 그리고 그것만이 결코 이의를 제기할 수 없는 기독교의 역사적 사실이며, 그러므로 이는 기독교의 다른 모든 사실들에 선행해야 한다. 이러한 기독교 이해가 기독교 이전에 존재했던 자연종교로의 회귀라는 주장은 적어도 내가 보기에 기독교와 자연종교 양자에 대한 오해를 바탕으로 한 주장인 것처럼 보인다. 그리고 만약 복음이 기독교 공동체가 가톨릭 교회로 발전해가는 과정에서 겪은 모든 변화 속에서도 그 복음 자체를 유지했다면, 그 정황은 단지 항상 호의적이지만은 않은 조건들 가운데에서도 존재하는 복음의 불멸적인 힘에 대한 또 다른 증거일 뿐이다. 하르낙 교수의 책 어느 곳에서도 교회의 전체 사역이 일련의 오류라는 가정을 찾아볼 수 없다. 반대로, 하르낙 교수는 어떻게 모든 시대와 모든 상황들 속에서 복음이 자신의 생명을 잃지 않은 채로, 본질적이고 변치 않는 요소였는가를 더 없이 유창하고 명백한 언어로 지속적으로 보여주고 있다.

내 생각에, 공평하면서도 지적으로 해석된 역사는 스트롱 박사의 논쟁에 명쾌한 해답을 제공한다. 그리고 그러한 역사는 스트롱 박사가 기독교에 적용하고자 했던 사실과 관념의 구분이 그가 말하고자 하는 의미로는 주장될 수 없음을 증명한다. 어쨌든 그러한 구분은 매우 뚜렷하게 드러난다. 그러나 만약 그가 말하는 역사적 기독교라 부르는 것의 대부분이 역사적이지 않은 것으로 나타난다면, 만약 그가 뜻하는 기독교가 의존하는 사실들이 대부분의 경우 사실이 아니며, 모든 종교가 공통적으로 지니고 있는 그러한 종류의 관념이라면, 또한 만약 그가 의미하는 바의 기독교가 의존하지 않은 관념이 대부분의 경우 우리가 소유한 기독교에 관한 유일한 의심할 바 없는 사실이라면, 그의 모든 주장은 무너진다.

아마도 사실과 관념의 구분이 뚜렷해지면, 지성과 감정의 구분 또한 뚜렷해질 것이다. 모든 종교는 마음을 뒤흔들고 감정을 동요시킨다는 그러한 의미에서 감정적이어야 한다. 모든 종교에서, 만약 종교가 생생한 체험이 되지 못한다면, 그것은 실재적이지는 않을 것이다. 그러나 연약하고 모호한 갈망, 보고자 하고 듣고자 하는 정욕, 돌발적이며 피상적인 열광주의로 이루어진 다른 종류의 감정이 존재한다. 기독교의 비밀을 꿰뚫어보고자 노력하는 기독교의 개념, 기독교가 발생한 시대적 상황을 검토하는 기독교의 개념, 전 세대를 통해 기독교의 성장과 진보를 추적하는 기독교의 개념을 이처럼 연약한 의미의 감정적인 것으로 간주하는 것은, 내가 보기에는, 해명할 필요조차 없는 오류처럼 보인다. 그러나 스트롱 주임 사제의 의견에 의하면, 위와 같은 것이 하르낙 교수의 저서에 제시된 종교이다. 내가 서두에서부터 논평했던 것처럼, [하르낙 교수에 대한 스트롱 사제의 이러한] 서술은 어떤 기적이 인류 역사의 특정 시기에 발생했다는 확신에 궁극적으로 근거한 믿음에 대해서는 보다 적합하다. 다만 [이러한 스트롱 박사의 서술의 경우] 그 확신이 [적어도] 성서연구에 비추어 보아서 어렵게나마 성립될 때에야 보다 정당화될 수 있다. 이때 성서연구는 모든 것을 증명하기 위해, 선한 것을 확고하게 붙들기 위해, 의식과 예식을 준수함으로써 그 확신을 새롭게 확립하기 위해 필요한 것이다. 확실히 한때 누군가가 이러한 종류의 믿음을 꾸짖으며 말했다. "**너희들은 표적**signs **과 기사**wonders**를 보지 않는다면, 아무것도 믿지 않을 것이다.**"

V.
나가면서

여기에서 나는 논의를 끝내고자 한다. 왜냐하면 내가 자료를 수집한 바에 따르면, 하르낙 교수의 저서에 대한 옥스퍼드의 나머지 비평들은, 내가 이미 기술했던 논쟁들의 반복일 뿐이기 때문이다. 그러나 몇몇 경우에, 하르낙 교수의 저서에 대한 반대는 다음과 같은 솔직한 인정을 동반한다. 여기에서 그 인정이란, 하르낙 교수의 저서가 다루었거나 남겨 두었던 것이 무엇이든 간에, 그 저서는 그리스도가 품었던 기독교의 요소들을 나타냈으며, 그 요소들에 의해서만 기독교가 판단될 수 있는 그러한 영향력에 대해서 시의적절하게 호소했다는 것이다. 이러한 비평들 중 하나가 세부적인 면에서 나의 주의를 끌었다. 그러나 여전히 나는 하르낙 교수가 예배와 공동 전승을 보유한 기독교 공동체의 사회적 삶에는, 다시 말해 교회 삶과 조직에는 거의 주의를 기울이지 않았다고 비난받는 것을 종종 목격한다. 사람들은 그가 발전의 위대한 원칙을 잊어버리는 경향이 있으며, 기독교에서 긴요하지 않은 것은 그 어느 것도 전혀 중요하지 않다고 생각하는 경향이 있다고 말한다.

헤스팅스 라쉐달 박사Dr. Hastings Rashdall는 뉴 칼리지 채플 the chapel of New College에서 행한 설교 중에 위와 같은 반대 의견을 제시했으며, 다른 곳에서도 반복하여 이러한 반대 의견을 말했다. 나는 이미 위의 의견에 대해 어느 정도 다루었으며, 지금으로서는 예나 지금이나 구성원들에 의해 교회 안에서 그리고 교회를 위해서 했던 사역에 관해 하르낙 교수가 이야기한 것을 그 반대 의견들과 비교하는 것 이상은 할 수 없다. 또한 예컨대 이 반대 의견과 과거의 수도사에게 바쳤던, 혹은 현재의 부제에게 바치는 찬사를 대조하는 것만을 할 수 있을 뿐이다. 하지만 나는 하르낙 교수가 발전의 원칙을 무시했다는 그러한 비난의 근거를 어디에서도 찾을 수 없다. 하르낙 교수는 [그가 천명해왔던 그러한 방식의 전적으로 학문적이기만 한] 역사가는 아니었을 것이다. 그리고 하르낙 교수의 책의 나머지 전체 부분은 이와 같은 주장에 대한 최고의 대답이다.

결론적으로 말하면, 우리는 이 책에서 기독교를 단지 역사적 관점에서만 고찰해왔다는 사실을 반드시 기억해야 한다. 만약 내가 제기해 온 견해가 옳다면, 기독교는 그리스도의 위격에 대한 이론에 의해서가 아니라 그러한 이론이 지난 격랑의 시기 동안 유용함을 증명해왔기 때문에 지난 19세기 동안 살아남았을 것이다. 또한, 기독교가 때때로 구체화되었던 어떤 외부의 형식에 의해서가 아니라 (하지만 그러한 형식은 필수적일 수도 있다) 궁극적으로 예수 자신이 말했고 행했던 것에 의거해서, 그리고 그의 사역의 영에 의거해서 지난 기간 동안 존속해 왔을 것이다. 그러나 나의 의견을 피력한다면, 적어도 역사적 관점에 비해 그 중요성이 떨어지지 않는 또 다른 측면이 존재한다. 이는 아마 철학적 측면이라고 불릴 수 있을 것이다. 하지만 나는 지금까지 철학적 측면을 구체적으로 전개할 여지를 가지지 못했다. 이에 대해서는 여러 가지 문제제기가 있을 수 있다. 그중 하나는 다음과 같을 것이다. "어떻게 기독교 내에서의 신성을 상상할 수 있는가?" 그리고 "어떤 의미에서 우리가 그것을 계시revelation라고 말할 수 있는가?" 내 생각에, 우리는 위와 같은 질문에 대답하려는 어떠한 접근도 아직은 시도해서는 안 될 것이다. 만일 그러한 접근이 오직 종교와 연관해서만 제기될 수 있는 것이 아니라 인류의 위대한 성과물(인류의 위대한 사람들이 우리를 위해 알려지지 않았던 무언가로부터 발견해 낸 성과물들을 뜻한다)을 설명하려고 시도하는 곳 어디에서든지 제기될 수 있다는 것을 우리가 인식하지 못한다면 말이다. 예술도 과학도 새로운 이상을 제시하고 새로운 진리를 밝히는 그러한 신비로운 힘을 다 설명할 수는 없다. 우리는 화가가 어떻게 자연의 범위에서 벗어난 것 같은 아름다움의 경관을 보여주는지를 설명하지 못한다. 우리는 음악가들이 어떤 심층의식으로부터 화음을 끌어내는지를 설명하지 못한다. 또한 우리는 연구자들이 어떠한 방법을 통해 우주에 존재하는 물질의 법칙들을 발견해내는지를 설명하지 못한다. 인간 영혼의 이러한 모든 노력들은 어느 정도는 신성을 지각할 수 있는 것처럼 보이며, 따라서 이는 계시라고 불릴 수 있는 것처럼 보인다. 그 노력들은 우리가 몰랐던 것들과 우리가 인식하지 못했던 가능성들에 우리가 접촉할 수 있게 해준다. 그러나 만약 일반적인 언어용법에서, 종교만이 외부로부터 우리에게 전해진 것이고 우리 스스로는 결코 파악할 수 없는 어떤 것이라고 말한다면, 그렇게 말해도 좋을 것이다. 왜냐하면 우리의 종교 감각을 뒤흔드는 개인은 아주 특별하리만큼 매우 드물기 때문이다. 종교는 위에서 말한 노력[예술, 과학] 이상으로 우리의 삶에 의미를 준다. 종교는 우리 삶의 가장 심층적인 문제들을 건드린다. 또한 종교는 보다 강한 확신을 가지고 우리가 최후의 수단으로 신뢰하는 저 위대한 실재 that great Reaility의 실존을 가리킨다.

기독교 본질 논쟁
하르낙 교수와 그의 옥스퍼드 비평가들

초판 1쇄 발행 2017년 10월 10일

지은이 토머스 베일리 손더스
옮긴이 김재현·김태익
펴낸이 오은지
편집 변홍철
디자인 박대성
펴낸곳 도서출판 한티재 | 등록 2010년 4월 12일 제2010-000010호
주소 42087 대구시 수성구 달구벌대로 492길 15
전화 053-743-8368 | 팩스 053-743-8367
전자우편 hantibooks@gmail.com | 블로그 www.hantibooks.com

ⓒ 김재현·김태익 2017
ISBN 978-89-97090-76-1 04230
ISBN 978-89-97090-73-0 (세트)

책값은 뒤표지에 있습니다.
이 책 내용의 일부 또는 전부를 이용하려면 저작권자와 한티재의
서면 동의를 받아야 합니다.

이 도서의 국립중앙도서관 출판예정도서목록(CIP)은 서지정보유통지원시스템
홈페이지(http://seoji.nl.go.kr)와 국가자료공동목록시스템
(http://www.nl.go.kr/kolisnet)에서 이용하실 수 있습니다.
(CIP제어번호: CIP2017023752)